Wesensmerkmale der deutschen und russischen Staats- und Rechtsordnung

Carola Schulze (Hrsg.)

Wesensmerkmale der deutschen und russischen Staats- und Rechtsordnung

Gemeinsamkeiten und Unterschiede

Materialien des deutsch-russischen Symposiums am 11. und 12. Oktober 2011 in Potsdam

PETER LANG
Frankfurt am Main · Berlin · Bern · Bruxelles · New York · Oxford · Wien

Bibliografische Information der Deutschen Nationalbibliothek
Die Deutsche Nationalbibliothek verzeichnet diese Publikation in der Deutschen Nationalbibliografie; detaillierte bibliografische Daten sind im Internet über http://dnb.d-nb.de abrufbar.

Umschlaggestaltung:
© Olaf Gloeckler, Atelier Platen, Friedberg

Gedruckt auf alterungsbeständigem,
säurefreiem Papier.

ISBN 978-3-631-62251-3

www.peterlang.de

Vorwort

Das am 11. und 12. Oktober 2011 in Potsdam durchgeführte Symposium war ein wichtiger Bestandteil der seit 2008 andauernden wissenschaftlichen Zusammenarbeit zwischen dem von Herrn Prof. Vladimir Fadeev geleiteten Lehrstuhl Staats- und Kommunalrecht der Russischen Föderation an der Juristischen Kutafin Akademie Moskau und dem von Frau Prof. Carola Schulze geleiteteten Lehrstuhl Rechtsgeschichte, Rechtsphilosophie i.V.m. Öffentlichem Recht an der Juristischen Fakultät der Universität Potsdam.

Das Symposium fand im Rahmen des Deutsch-Russischen Wissenschaftsjahres 2011/12 statt und konnte primär zwei Säulen des Wissenschaftsjahres zugeordnet werden: Stärkung der gemeinsamen Forschung und Innovation sowie Förderung des wissenschaftlichen Nachwuchses als Bindeglied lebendiger Partnerschaft. Im Rahmen des Symposiums wurden grundlegende Merkmale und Prinzipien der deutschen und russischen Staats- und Rechtsordnung wie Demokratie, Föderalismus, Rechtsstaat, Grundrechte, kommunale Selbstverwaltung, wirksamer Rechtsschutz, Trennung von Kirche und Staat und Integration von Zuwanderern als neue Aufgabe des Staates vergleichend dargestellt und erörtert, um Gemeinsamkeiten und Unterschiede in der Entwicklung der Staats- und Rechtsordnung der beiden Länder aufzuzeigen.

Das Thema wurde von den Partnern deshalb gewählt, weil im Rahmen der Internationalisierung und Globalisierung neben der Kenntnis der nationalen Staats- und Rechtsordnung, ihrer grundlegenden Prinzipien, Merkmale und Begrifflichkeiten immer öfter und intensiver auch ein konkretes Wissen über fremde Staats- und Rechtsordnungen, ihre Besonderheiten und Unterschiede vom wissenschaftlich und praktisch tätigen Juristen erwartet wird. Gerade auch vor dem Hintergrund intensiverer politischer und wirtschaftlicher Zusammenarbeit ist ein Grundverständnis der Akteure für die verfassungs- und verwaltungsrechtlichen Strukturen und Begrifflichkeiten der deutschen und russischen Staats- und Rechtsordnung von erheblicher Bedeutung, um eine effektive Kooperation beider Staaten nicht nur auf politischen und wirtschaftlichen, sondern auch auf den rechtlichen Feldern zu gewährleisten. Zugleich ist unter den Bedingungen der Internationalisierung und Globalisierung die Angleichung der rechtlichen Strukturen auf der Grundlage gemeinsamer Wesensmerkmale und Prinzipien ein ganz entscheidender Entwicklungsprozess für moderne Staats- und Rechtsordnungen, den es auch durch gemeinsame wissenschaftliche Untersuchungen zu fördern gilt. Zur Verwirklichung dieser Zielstellungen hat das Symposium einen spezifischen öffentlichkeitswirksamen Beitrag geleistet.

Die Autoren geben in ihren Vorträgen ihre persönliche Auffassung wieder. Soweit in den Beiträgen auf die aktuelle Rechtslage Bezug genommen wird, ist der Stand vom 11. und 12. Oktober 2011 gemeint.

Besonderer Dank gilt der Mittelbrandenburgischen Sparkasse in Potsdam für die finanzielle Förderung des Tagungsbandes.

Potsdam, Sommer 2012 Carola Schulze

Inhalt

Vorwort V

Abkürzungen IX

GEORG KIRSCHNIOK-SCHMIDT
Demokratie in Deutschland 1

VALENTINA KOMAROVA
Demokratie in Russland 9

BERT-SEBASTIAN DÖRFER
Föderalismus in Deutschland 17

NADEZHDA MIKHALEVA
Probleme des Föderalismus in Russland 27

CAROLA SCHULZE
Rechtsstaatlichkeit in Deutschland 37

VLADIMIR FADEEV
Der Rechtsstaat in Russland 47

VIACHESLAV ARTEMOV
Die sittliche Dimension von Freiheit und Recht 57

MICHAEL DAWIN
Grundrechte in Deutschland 65

MATTHIAS DOMBERT
Rechtsschutz in Deutschland 73

SVETLANA NARUTTO

Die Rechte des Menschen und ihr Schutz durch das Verfassungsgericht der Russischen Föderation 77

LARS STEINHORST, KARSTEN HOOF

Kommunale Selbstverwaltung in Deutschland 87

EKATERINA SHUGRINA

Formen autonomer Festlegung der Struktur der Organe der örtlichen Selbstverwaltung durch die Bevölkerung 97

JOACHIM GAERTNER

Trennung von Kirche und Staat in Deutschland 107

NATALIA TAEVA

Der weltliche Staat im modernen Russland 115

OXANA SYUZYUKINA

Integration von Zuwanderern als eine neue Aufgabe des Staates – dargestellt am Beispiel der öffentlichen Schule in NRW 123

OLGA GULINA

Aktuelle rechtliche Probleme der Migration in der Russischen Föderation 133

Abkürzungen

Abs.	Absatz
a.D.	außer Dienst
Anm.	Anmerkung
Art.	Artikel
Ass.	Assessor
Aufl.	Auflage
AZR.	Ausländerzentralregister
Az.	Aktenzeichen
BbgKVerf	Kommunalverfassung des Landes Brandenburg
Bd.	Band
Beschl.	Beschluss
BGBl.	Bundesgesetzblatt
BGH	Bundesgerichtshof
BND	Bundesnachrichtendienst
BRD	Bundesrepublik Deutschland
bspw.	beispielsweise
BT-Drs.	Bundestags-Drucksache
BVerfG	Bundesverfassungsgericht
BVerfGG	Bundesverfassungsgerichtsgesetz
BVerwG	Bundesverwaltungsgericht
bzgl.	bezüglich
bzw.	beziehungsweise
ca.	circa
DDR	Deutsche Demokratische Republik
DGO	Deutsche Gemeindeordnung
DRG	Deutsches Richtergesetz
ders.	derselbe
d.h.	das heißt
DÖV	Die Öffentliche Verwaltung
Dr.	Doktor
E	Entscheidungssammlung
EG	Europäische Gemeinschaft
EGMR	Europäischer Gerichtshof für Menschenrechte
EinigungsV	Einigungsvertrag
EU	Europäische Union
EuGH	Europäischer Gerichtshof
EuGH-Slg.	Amtliche Sammlung der Entscheidungen des Europäischen Gerichtshofes

e.V.	eingetragener Verein
f.	folgende
FAZ	Frankfurter Allgemeine Zeitung
ff.	fortfolgende
Fn.	Fußnote
FMS	Föderaler Migrationsdienst Russlands
gem.	gemäß
GG	Grundgesetz
ggf.	gegebenenfalls
GmbH	Gesellschaft mit beschränkter Haftung
GVBl.	Gesetzes- und Verordnungsblatt
GUS	Gemeinschaft Unabhängiger Staaten
h.L.	herrschende Lehre
h.M.	herrschende Meinung
Hrsg.	Herausgeber
HStR	Handbuch des Staatsrechts
HVerfR	Handbuch des Verfassungsrecht
i.d.F.	in der Fassung
i.d.R.	in der Regel
IGLU	Internationale Grundschul-Lese-Untersuchung
IÖD	Informationsdienst Öffentliches Dienstrecht
i.R.	im Ruhestand
i.S.	im Sinne
i.S.d.	im Sinne des
i.V.m.	in Verbindung mit
Jh.	Jahrhundert
JöR	Jahrbuch des öffentlichen Rechts
JuS	Juristische Schulung
JZ	Juristenzeitung
K	Kammerentscheidungen
Kap.	Kapitel
KommRefG	Kommunalreformgesetz
KMK	Konferenz der Kultusminister der Länder
LKV	Landes- und Kommunalverwaltung
Losebl.	Loseblattsammlung
LT-Drs.	Landtags-Drucksache
LVerf Bbg	Brandenburgische Landesverfassung
LVerfG Bbg	Landesverfassungsgericht Brandenburg
LVerf NRW	Verfassung für das Land Nordrhein-Westfalen
MGJuA	Moskauer Staatlichen Juristischen O. E. Kutafin-Akademie
Mio.	Millionen
Müko-ZPO	Münchener Kommentar zur Zivilprozessordnung
Mrd.	Milliarden

m.w.N.	mit weiteren Nachweisen
NJW	Neue Juristische Wochenschrift
Nr.	Nummer
NRW	Nordrhein-Westfalen
NVwZ	Neue Zeitschrift für Verwaltungsrecht
o.g.	oben genannte
OECD	Organisation for Economic Co-operation and Development
OVG	Oberverwaltungsgericht
P.	Punkt
PISA	Program for international Student Assessment
RF	Russische Föderation
Rn.	Randnummer
RSFSR	Russische Sozialistische Föderative Sowjetrepublik
RV	Reichsverfassung
S.	Satz / Seite
SBZ	Sowjetische Besatzungszone
SchulG	Schulgesetz
SED	Sozialistische Einheitspartei Deutschlands
Sig.	Signatur
sog.	sogenannte
StGB	Strafgesetzbuch
u.a.	unter anderem / und andere
UdSSR	Union der sozialistischen Sowjetrepubliken / Sowjetunion
UN	United Nations
UNO	United Nations
Urt.	Urteil
USA	United Staates of America
usw.	und so weiter
u.U.	unter Umständen
v.	vom
Verf.	Verfasser
VerfGH	Verfassungerichtshof
VGH	Verwaltungsgerichtshof
vgl.	vergleiche
WRV	Weimarer Reichsverfassung
z.B.	zum Beispiel
ZevKR	Zeitschrift für evangelisches Kirchenrecht
z.T.	zum Teil
z.Z.	zur Zeit

Demokratie in Deutschland

*Georg Kirschniok-Schmidt**

Im vorliegenden Beitrag wird im Abschnitt I die Demokratie in der Bundesrepublik Deutschland im Sinne des Grundgesetzes als Staatsform und Gesellschaftsordnung dargestellt. Im Abschnitt II wird erläutert, dass zum Wesen der parlamentarischen Demokratie umfassende Informationsrechte gehören. Am Beispiel der Verfassung des Landes Brandenburg werden im Abschnitt III die Reichweite und die Grenzen der Informationsrechte herausgearbeitet. Abschließend werden die Informationsrechte des Bürgers als Elemente der unmittelbaren Demokratie charakterisiert.

I. Demokratie im Sinne des Grundgesetzes der Bundesrepublik Deutschland: Staatsform und Gesellschaftsordnung

„Die Bundesrepublik Deutschland ist ein demokratischer und sozialer Bundesstaat." In diesen Worten fasst das Grundgesetz die wesentlichen Strukturentscheidungen zusammen, die das Staatswesen der Bundesrepublik Deutschland kennzeichnen. Zu diesen Grundentscheidungen gehört die Demokratie, die demokratische Verfasstheit des Staates. Unter Demokratie versteht das *BVerfG* die freie Selbstbestimmung der Bürger: Alle Staatsgewalt geht vom Volke aus. Jede hoheitliche Maßnahme, jeder staatliche Zwang muss durch das Volk legitimiert sein. Dies bedeutet, dass jegliche Herrschaftsausübung zurückzuführen sein muss auf das Volk, auf dessen Willen, der in Wahlen und Abstimmungen zum Ausdruck kommt. Man spricht von einem Legitimationszusammenhang, einem Zurechnungszusammenhang zwischen Volk und staatlicher Herrschaft.

Dieser Zurechnungszusammenhang wird vor allem über das vom Volk gewählte Parlament hergestellt. Um in einem modernen Staat in der Größenordnung der Bundesrepublik Deutschland eine ständige demokratisch legitimierte Herrschaft zu sichern, ist eine Repräsentation des Volkes erforderlich. Formen direkter Demokratie (z.B. Volkabstimmungen) können in einem modernen Staat immer nur als eine Ergänzung zur repräsentativen Demokratie verstanden werden. So spricht das Grundgesetz davon, dass das Volk seine Herrschaft durch *„besondere Organe"* ausübt. Repräsentiert wird das Volk durch das Parlament.

---

* *Dr. iur. Georg Kirschniok-Schmidt* ist als Referatsleiter im Ministerium der Justiz des Landes Brandenburg tätig.

Das Parlament wählt die Regierung, die ihrerseits an der Spitze der staatlichen Verwaltung steht. Das Parlament leitet das staatliche Handeln durch die Gesetzgebung. Es gibt damit dem Verwaltungshandeln Ziele und Maßstäbe vor. Das Parlament kontrolliert die Regierung und die Verwaltung und nimmt auf diese Weise die Aufgabe der Staatsleitung wahr. Dieser Grundsachverhalt gilt in der Bundesrepublik für alle Ebenen des Bundesstaates, d.h. für den Bund und für die Länder – jeweils im Rahmen ihrer Kompetenzen. Auch auf der kommunalen Ebene, der nach dem Grundgesetz das Recht der Selbstverwaltung zusteht, muss das Volk eine Vertretung haben, die aus allgemeinen, unmittelbaren, freien, gleichen und geheimen Wahlen hervorgeht. Das *BVerfG* spricht hier von einer *„gegliederten Demokratie“*[1].

Die Demokratie steht in verschiedener Hinsicht mit anderen Strukturprinzipien in einem notwendigen Zusammenhang. Sie ist verbunden mit dem Prinzip der Freiheit und der Gleichheit. Der Anspruch des Bürgers auf freie und gleiche Teilhabe an der öffentlichen Gewalt ist letztlich – so das *BVerfG*[2] – in der Würde des Menschen verankert. Demokratie ist ferner nicht zu trennen von der Rechtsstaatlichkeit und dem Prinzip der Gewaltenteilung.

Das Grundgesetz spricht von der *„freiheitlich demokratischen Grundordnung“*. Die Elemente dieser Grundordnung nach der Rechtsprechung des *BVerfG* sind:

- Achtung vor den Menschenrechten;
- Volksouveränität;
- Gewaltenteilung;
- Verantwortlichkeit der Regierung;
- Gesetzmäßigkeit der Verwaltung;
- Unabhängigkeit der Gerichte;
- Mehrparteienprinzip und Chancengleichheit der Parteien mit dem
- Recht auf Bildung und Ausübung einer Opposition.[3]

Damit sich der Volkswille in allgemeinen, freien und gleichen Wahlen äußern kann, sind politische Freiheitsrechte, die Meinungs- und Versammlungsfreiheit, notwendige Voraussetzungen. Diese Freiheiten sind Grundbedingungen der Demokratie, ohne die sie sich nicht entfalten kann. Demokratie ist damit letztlich nicht nur eine Staatsform. Sie ist nicht zu denken ohne eine Gesellschaft, in der die Bürger ihre Rechte aktiv wahrnehmen. Hier kommt den Parteien eine besondere Bedeutung zu. Deren Aufgabe ist die politische Willensbildung. Das *BVerfG* hat in mehreren Entscheidungen die Rolle der Parteien betont

---

1 *BVerfG*, Urt. v. 31.10.1990 – 2 BvF 2/89, u.a. (Ausländerwahlrecht) – E 83, 37 (54).

2 *BVerfG*, Urt. v. 30.06.2009 – 2 BvE 2/08, u.a. (Lissabon-Urteil) – E 123, 267 (341).

3 *BVerfG*, Urt. v. 23.10.1952 – 1 BvB 1/51 (SRP-Verbot) – E 2, 1 (13).

und auf die Gefahren hingewiesen, die dadurch entstehen, dass die Parteien sich zu stark mit dem Staat identifizieren und zu Machtinstrumenten des Staates werden. Es gilt vielmehr der Grundsatz der Staatsfreiheit: Parteien müssen vom Staat unabhängig sein und für eine freie Willensbildung der Bürger, die sich in ihnen organisieren, offen bleiben. Lebenswichtig für die Demokratie ist es, dass die Bürger selbst, einzeln oder in Gemeinschaft an der politischen Willensbildung teilnehmen können.

Zusammenfassend möchte ich einen früheren Verfassungsrichter *H.-H. Klein* zitieren: Ausgangspunkt ist für ihn die Frage, wie die repräsentative Demokratie in der heutigen Gesellschaft am besten funktionieren kann: *„Repräsentative Herrschaft gelingt ... nur unter der Voraussetzung vielfältiger und tagtäglicher Wechselwirkung zwischen Willensbildung des Volkes und Willensbildung in den Staatsorganen. Sie wiederum setzt die Transparenz staatlicher Entscheidungsprozesse voraus, die vor allem durch Parteien und Medien zu bewirken ist.“*[4] Ich möchte hinzufügen, dass diese Transparenz auch durch möglichst offene Informationsbeziehungen innerhalb und außerhalb des Parlaments hergestellt wird, durch eine Einbeziehung der Bürger als Einzelpersonen sowie der Zivilgesellschaft.

II. Parlamentarische Kontrolle am Beispiel des Informationsrechts

Zum Wesen der parlamentarischen Demokratie gehört die Kontrolle der Regierung durch das Parlament. Zur Ausübung wirksamer Kontrolle sind umfassende Informationsrechte notwendig. Zu diesen gehören das klassische Fragerecht im Parlament und das Zitierrecht, d.h. das Recht, die Anwesenheit von Regierungsmitgliedern im Parlament oder in einem Ausschuss zu verlangen. Auf diese Weise wird die Regierung gezwungen, für ihr Handeln Rede und Antwort zu stehen.

Informationsrechte dienen dazu, das strukturelle Ungleichgewicht zwischen dem Parlament und der Regierung abzubauen. Das Parlament verfügt nicht über die Kenntnisse, mit denen die Exekutive arbeiten kann. Die Abgeordneten sind vielmehr darauf angewiesen, dass sie von der Regierung umfassend informiert werden.

In den Verfassungen vieler Bundesländer sind die Informationsrechte der Landesparlamente erweitert worden. Die Regierungen werden verpflichtet, von sich aus über Angelegenheiten von grundsätzlicher Bedeutung zu informieren. Damit wurde auf eine Entwicklung der letzten Jahrzehnte reagiert; denn die

---

4 *Klein*, Metamorphose der Demokratie, in: FAZ v. 29.08.2011, S. 7.

Länder haben zunehmend an Gesetzgebungskompetenzen verloren. Die Bedeutung der Landesparlamente als Entscheidungsträger wurde geschwächt. Im Gegenzug wurden die Entscheidungskompetenzen der Landesregierungen gestärkt. Denn diese wirken im Bundesrat an der Bundesgesetzgebung mit, sie sind verantwortlich für die Kooperation mit den anderen Ländern und dem Bund und für die in vielen Politikbereichen notwendige Abstimmung (z.B. Staatsverträge, Fachkonferenzen). Über den Bundesrat wirken sie auch an der Vorbereitung der europäischen Rechtsakte mit.

Zunehmende Bedeutung hat daher die laufende Unterrichtung des Parlaments über die Entscheidungsprozesse auf der Bundesebene und auf der europäischen Ebene, da diese Auswirkungen auf das Land haben (Bsp.: Schuldenbegrenzung). Im Ergebnis sollen alle für das Land bedeutsamen Entscheidungen im Parlament diskutiert werden. Es reicht nicht aus, dass das Parlament lediglich im Nachhinein das Regierungshandeln zur Kenntnis nimmt und die Regierung zur Verantwortung zieht. Durch die frühzeitige Information der Landesparlamente sollen die Entscheidungen in das Parlament zurückgeholt werden. Das Parlament ist der eigentliche Ort der politischen Willensbildung.

Im Verhältnis des Bundes zur europäischen Ebene findet ein ähnlicher Prozess statt, da für viele Regelungsbereiche ein europarechtlicher Rahmen gilt: An der Mitwirkung des Bundes bei der Vorbereitung von europäischen Rechtsakten ist der Bundestag frühzeitig zu beteiligen, damit er seine Einflussmöglichkeiten wahrnehmen kann. In mehreren Entscheidungen (z.B. zum Lissabon-Vertrag, aber auch in Bezug auf die Vereinbarungen zur Stabilisierung des Euro) hat das *BVerfG* eine ausreichende Beteiligung des Parlaments gefordert, um die Demokratie nicht leer laufen zu lassen. Das Grundgesetz steht einem Substanzverlust des Parlaments entgegen. Die Abgeordneten des Bundestages müssen die Kontrolle über grundlegende – auch haushaltspolitische – Entscheidungen behalten.

Einige Landesverfassungen haben die Informationsrechte ergänzt um individuelle Auskunftsrechte der einzelnen Abgeordneten und um das Recht auf Akteneinsicht in alle Unterlagen der Behörden. Ein Beispiel ist Art. 56 III 1 LVerf Bbg: *„Den Abgeordneten ist Zugang zu den Behörden und Dienststellen des Landes zu gewähren. Diese haben auf Verlangen Auskunft auch aus Dateien zu erteilen sowie Akten und sonstige amtliche Unterlagen vorzulegen."*

Individuelle Informationsrechte stärken den einzelnen Abgeordneten auch gegenüber seiner eigenen Partei und erhöhen seine politische Verantwortung.[5]

---

5 Man muss sich letztlich von der Vorstellung lösen, das Parlament oder einzelne Abgeordnete griffen mit parlamentarischer Kontrolle oder mit dem Gebrauch ihrer Informationsrechte in die Aufgabenzuständigkeit von Regierung und Verwaltung ein. Das Parlament nimmt vielmehr eine eigene Aufgabe kraft besonderer verfassungsrechtlicher Legitimation

III. Reichweite und Grenzen der Informationsrechte (am Beispiel der Verfassung des Landes Brandenburg)

Die Informationsrechte sind auf alle Gegenstände des Regierungshandelns sowie auf den gesamten Bereich der Verwaltung bezogen, für den die Regierung – dem Parlament gegenüber – Verantwortung trägt. Es ist nicht entscheidend, in welcher Rechtsform die Verwaltungsfunktion ausgeübt wird. Auskunftsrecht und Aktenvorlage sowie das Recht auf Zugang zu den Einrichtungen des Landes ergänzen sich als Mittel der Selbst- und Fremdinformation. Die Ausdehnung der Informationsrechte auf den Bereich der gesamten Landesverwaltung ist gerade für die Länder von Bedeutung, weil diese sowohl Bundes- als auch Landesgesetze auszuführen haben. Das Akteneinsichtsrecht wirkt auch präventiv. Es macht Verwaltungshandeln transparent und fordert implizit, dass Verwaltungsentscheidungen gut dokumentiert und begründet werden.

Die Grenzen des Informationsrechts ergeben sich aus dem Prinzip der Gewaltenteilung: Dieses Prinzip sichert die funktionsgerechte Zuordnung hoheitlicher Befugnisse zu den unterschiedlichen Trägern öffentlicher Gewalt (Legislative, Exekutive, Judikative). Diese tragen jeweils für ihren Bereich die Verantwortung. Dies steht einer Unterordnung der einen Gewalt unter eine andere Gewalt entgegen. Die Regierung ist – mit anderen Worten – kein Ausschuss des Parlaments. Die Exekutive (Regierung und Verwaltung) muss ihre eigenen Aufgaben tatsächlich auch eigenverantwortlich wahrnehmen können; ihr muss die Entscheidungsautonomie verbleiben. Ohne Entscheidungsautonomie ist eine verantwortliche Entscheidungsfindung nicht möglich; ohne sie liefe letztlich auch die Verantwortung der Exekutive vor dem Parlament leer. Parlamentarische Kontrolle setzt Verantwortung voraus. Es gibt einen sog. Kernbereich exekutiver Eigenverantwortung, der einen nicht näher ausforschbaren Initiativ-, Beratungs- und Handlungsbereich umfasst. Die spezifischen Funktionsbedingungen von Regierung und Verwaltung dürfen durch ein Hineinregieren des Parlaments oder der Abgeordneten nicht gestört werden. Dies ist in der Rechtsprechung der Verfassungsgerichte anerkannt.[6] Dies hindert jedoch nicht grundsätz-

---

wahr. Es übt gemeinsam mit der Regierung die Aufgabe der Staatsleitung aus und ist der Ort der politischen Willensbildung. Es wirkt damit an Entscheidungsprozessen mit, die die Regierung nach außen zu vertreten hat. Parlamentarische Kontrolle ist weit zu verstehen und erfasst auch die begleitende Beobachtung des exekutiven Handelns bis hin zur Einflussnahme auf die Entscheidungsprozesse der Exekutive. Dass dies in einem gewissen Spannungsverhältnis zu dem Grundsatz steht, dass der Verantwortungsbereich der Regierung und der Verwaltung zu achten ist, liegt auf der Hand.

6 Die Rechtsprechung des *BVerfG* wurde vor allem in Bezug auf die Grenzen der Informationsbefugnisse parlamentarischer Untersuchungsausschüsse entwickelt: vgl. zuletzt *BVerfG*, Beschl. v. 17.06.2009 – 2 BvE 3/07 (BND-Untersuchungsausschuss) – E 124, 78 (120 ff.).

lich eine Information vor der Entscheidung oder eine begleitende Information bzw. Unterrichtung des Parlaments. Eine Grenze findet das Informationsrecht allein darin, dass die Abgeordneten nicht in laufende Entscheidungsvorbereitungen eingreifen dürfen. Sie müssen die Entscheidungsautonomie der Regierung, aber auch der Verwaltung achten. Verwaltungsentscheidungen kann das Parlament allein durch die Gesetzgebung steuern, nicht durch Einmischung in den Entscheidungsprozess.

Bevor eine Information abgelehnt werden darf, muss jedoch im Einzelfall jeweils genau geprüft werden, ob tatsächlich eine Beeinträchtigung der Funktionsbedingungen der Exekutive zu befürchten ist. Pauschalurteile helfen hier nicht. Nach der genannten Verfassungsbestimmung des Landes Brandenburg hat in jedem Fall eine Abwägung stattzufinden zwischen dem Kontrollinteresse des Abgeordneten und dem entgegenstehenden Interesse an der Geheimhaltung. Je nach den Umständen ist ein Ausgleich anzustreben, der beiden Interessen angemessen Rechnung trägt.

IV. Informationsrechte des Bürgers und Elemente unmittelbarer Demokratie

Repräsentative Demokratie ist nicht durch Formen unmittelbarer Demokratie ersetzbar. Wir müssen gleichwohl auch in Deutschland feststellen, dass gegenüber Parteien, aber auch gegenüber dem Typus des Politikers ein verbreitetes Misstrauen besteht. Wir sprechen von einer Partei- oder Politikverdrossenheit, die sich auch in einer hohen Enthaltung bei den Wahlen ausdrückt.

Ein Weg, um diesem Phänomen zu begegnen, stellt ein lebendiges Parlament dar, in dem offen debattiert wird und das über selbstbewusste und informierte Abgeordnete verfügt.

Als ein weiteres Element der Demokratie muss jedoch auch die Möglichkeit des einzelnen Bürgers verstanden werden, an öffentlichen Willensbildungsprozessen teilzunehmen.

Für die veränderten politischen Rahmenbedingungen möchte ich folgendes Beispiel anführen: Bei den Landtagswahlen in Berlin hatte überraschenderweise die sog. *Piratenpartei* großen Erfolg. Es handelt sich hier um eine Gruppierung von meist jungen Menschen, die vorwiegend über das Internet kommunizieren und alternative Formen des Politikbetriebs fordern. Wesentlich für sie ist die Forderung nach Transparenz und offenen Formen der Meinungsbildung. Sie nehmen zudem für sich in Anspruch, ein enges Verhältnis zu den Wählern und Bürgern zu suchen. Diese sind aufgefordert, über die Mittel des Internets an den politischen Entscheidungen teilzunehmen und die Parteipolitik mitzubestimmen. Die *Piratenpartei* errang in Berlin fast 9 % der Stimmen. Sie hat auch bundesweit Resonanz.

In vielen Bundesländern sehen die Verfassungen Elemente direkter Demokratie vor. Es handelt sich um Volksinitiativen, die darauf gerichtet sind, dass sich die Parlamente mit bestimmten Angelegenheiten befassen mögen. Solche Initiativen können in ein Volksbegehren oder in einen Volksentscheid übergehen, mit dem z.B. ein Gesetz beschlossen wird. In den Ländern werden die Mindestvoraussetzungen für diese Formen direkter Demokratie ständig diskutiert. Von vielen werden die Hürden als zu hoch angesehen. Man muss jedoch bedenken, dass ein bestimmtes Teilnahmequorum verlangt werden muss, um zu vermeiden, dass sich allzu leicht aktive Minderheiten ohne hinreichende Legitimation durchsetzen und Entscheidungen getroffen werden, die Einzelinteressen bedienen. Demgegenüber liegt der Vorzug der repräsentativen Demokratie gerade darin, dass im Parlament unterschiedliche Interessen zum Ausdruck kommen können und ein Ausgleich zwischen ihnen angestrebt wird; die Abgeordneten sollen es letztlich als ihre Aufgabe ansehen, nicht lediglich Einzelbelange zu verfolgen, sondern sich als Vertreter des gesamten Volkes zu verstehen. Sie sollen sich dem Allgemeinwohl verpflichtet fühlen.

Demokratie lebt von der aktiven Beteiligung der Bürger und ist auf sie angewiesen. Elemente unmittelbarer Demokratie bilden zugleich ein gewisses Korrektiv zu den Abgeordnetenrechten. Abgeordnete dürfen sich von den Bedürfnissen der Bürger nicht isolieren. Sie haben die Aufgabe, dasjenige, was sie für politisch richtig erachten, den Bürgern zu vermitteln und müssen sich ihren Fragen und ihrer Kritik stellen.

Gleiches gilt aber auch für die Regierung und die Verwaltung. Informations- und Beteiligungsrechte des Bürgers gehören ebenfalls zu einer modernen Vorstellung von Demokratie. Zu den Beteiligungsrechten der Bürger gehören ihre Rechte bei dem Erlass von Verwaltungs-, aber auch bei Planungsentscheidungen. In den letzten Jahren haben sowohl der Bund als auch viele Bundesländer ein allgemeines Informations- und Akteneinsichtsrecht für den einzelnen Bürger eingeführt. Dieser hat grundsätzlich einen Anspruch auf Akteneinsicht, ohne hierfür ein besonderes rechtliches Interesse geltend machen zu müssen. Brandenburg hat ein solches allgemeines Akteneinsichtsrecht sogar in die Landesverfassung aufgenommen. Leitbild ist eine im Prinzip offene und transparente Verwaltung. Transparenz macht staatliche Entscheidungen verstehbar und einsichtig. Öffentliche Beteiligung im Vorfeld der Entscheidungen fördert ihre Legitimität. Die Geheimhaltung von Verwaltungsangelegenheiten, das Amtsgeheimnis ist nicht mehr der Grundsatz der Verwaltung, vielmehr ist Geheimhaltung in jedem Einzelfall rechtfertigungsbedürftig. Auch hier zeigt sich, dass ohne informierte Akteure, ohne das Recht zur Information und Kontrolle eine lebendige Demokratie nicht möglich ist.

Demokratische Legitimation verdankt sich so letztlich beiden Wurzeln: Einerseits beruht sie auf der Rückführung politischer Macht auf die Wahl durch das Volk, auf der Bindung der Entscheidungsträger an den parlamentarischen Gesetzgeber und an das Parlament als Kontrollorgan. Andererseits beruht demokratische Legitimation auch auf dem individuellen Recht des einzelnen Bürgers auf Teilhabe an der öffentlichen Meinungsbildung und an staatlichen Entscheidungsprozessen. Der allgemeine Informationszugang ergänzt die demokratische Legitimation und fördert die Demokratie.

Demokratie in Russland

*Valentina Komarova**

Der Demokratismus des Staates findet seinen Ausdruck in der Gewährleistung der Volksherrschaft. Die Pflicht des Staates, der sich als demokratisch erklärt, besteht darin, die rechtlichen Mechanismen für die Verwirklichung der Volksherrschaft zu schaffen, die die Theoretiker und Praktiker zum Wesen der Demokratie begründeten.[1]

Eines der grundlegenden Merkmale der staatlichen Organisation der Gesellschaft im gegenwärtigen Russland ist der verfassungsrechtlich gefestigte Demokratismus. Die Analyse der politisch-rechtlichen Ideologie in dem Teil, der unmittelbar zum Konstitutionalismus gehört, soll die Vorstellungen über die Volkssouveränität und Demokratie, die Bürgerfreiheiten, die Arten der Kontrolle der öffentlichen Macht durch das Volk und den Mechanismus seiner Teilnahme an ihrer Arbeit betreffen. Grundlegend ist die These über die verfassungsgebende Gewalt des Volkes, welche die Quelle der Macht und den Träger der Souveränität bildet.[2]

I. Formen der unmittelbaren Demokratie

Der Mechanismus der direkten Volksherrschaft umfasst verschiedene Formen, mithilfe derer die unmittelbare Demokratie zustande kommt.

Nach Auffassung der Autorin sind die Charakteristika der unmittelbaren Demokratie die direkte Willensäußerung der Bürger, die Einheit des Willens und des Subjekts der Äußerung sowie die Verwirklichung der Macht in seinem Namen, der besondere Kreis der Subjekte, der durch die besonderen Anforderungen an sie bedingt ist, die besonderen Formen der Verwirklichung der Macht: imperative, konsultative und regulative Funktionen.

In den letzten Jahren erweiterte sich die Gruppe der Formen, die allein beim Zustandekommen der kommunalen Macht herangezogen werden (z.B. entstand im Jahr 1995 mit der Annahme des Föderalen Gesetzes vom 28. August 1995 N 154-FZ „Über die allgemeinen Prinzipien der Organisation der Selbstverwaltung

---

* *Dr. iur. Valentina Komarova* ist Professorin des Lehrstuhls für Verfassungs- und Kommunalrecht der Russischen Föderation an der MGJuA.

1 Siehe *Komarova*, Demokratie – ein verfassungsmäßiger Imperativ, in: Verfassungs- und Kommunalrecht, Nr. 22, 2009, S. 2 - 5.

2 Siehe *Komarova*, Die verfassungsgebende Gewalt: Theorie und Mechanismus ihrer Verwirklichung, in: Eurasisches juristisches Journal, Nr. 4, 2011, S. 61 - 65.

in der RF“[3] die gesellschaftliche Selbstverwaltung). Im Jahre 2003 entwickelten sich durch die Normen des Föderalen Gesetzes vom 6. Oktober 2003 „Über die allgemeinen Prinzipien der Organisation der Selbstverwaltung in der RF“[4] die Abstimmung zu den Fragen der Veränderung der Grenzen der kommunalen Gebilde, die Umwandlung der kommunalen Gebilde, die Dorfversammlung sowie die öffentliche Anhörung.[5]

II. Funktionen der unmittelbaren Volksherrschaft und ihre Gruppierung

Die imperative, konsultative und beratende Funktion der unmittelbaren Volksherrschaft erlaubt es, sie bedingt zu gruppieren.

Die *imperative* Funktion sieht die endgültige Lösung bestimmter Fragen vor. Zur Gruppe der Formen der unmittelbaren Volksherrschaft, die eine imperative Funktion erfüllen, können die Wahlen und das Referendum gezählt werden sowie die neuen Formen der imperativen Willenserklärung der Bürger, die auf der kommunalen Ebene eingesetzt werden: die Gemeindeversammlungen, die Abberufung, die Abstimmung zu den Fragen der Änderung der Grenzen der kommunalen Gebilde und die Umwandlung der kommunalen Gebilde.

Die Aufgabe der *konsultativen* Funktion ist die Aufdeckung und die Gegenüberstellung des Willens des Volkes und des Machtorgans (der Amtsperson). In der Gesetzgebung gibt es praktisch keinen Mechanismus der Berücksichtigung der Willenserklärung, die durch konsultative Formen der Volksherrschaft geäußert wurde. Das ist dadurch bedingt, dass das Prinzip der Einheit des Volkes nicht erfüllt wird. Die Frage, die auf jede der Formen dieser Gruppe der Volksherrschaft übertragen wird, kann gesellschaftliche und staatliche Bedeutung haben, aber der Gesetzgeber setzt weder die Anzahl der Teilnehmer fest, der es gestattet ist, diese Formen als Arten der Äußerung des Volkswillens zu bezeichnen noch – wie bereits erwähnt – den Mechanismus der Verwirklichung. Die Rede ist von Meetings, Umzügen, Kundgebungen, Streikposten, öffentlichen Anhörungen, Umfragen der Bürger und Erörterungen.

Die *regulierende* Funktion ist die Teilnahme des Volkes am System der sozialen Verwaltung, die nach den Prinzipien der Repräsentativherrschaft und der

3 Gesetzessammlung der RF, 28.08.1995, Nr. 35, S. 3506.

4 Gesetzessammlung der RF, 2003, Nr. 40, S. 3822.

5 *Komarova*, Formen der unmittelbaren Demokratie in Russland – die Problematik ihrer Zurechnung, in: Lex Russica (Wissenschaftliche Arbeiten der Moskauer Staatlichen juristischen Akademie), Nr. 5, 2006, S. 45.

Volkssouveränität konstruiert ist.[6] Diese Gruppe sieht das Vorhandensein eines Mechanismus der Einwirkung der Bevölkerung auf die Entscheidungen der Machtorgane vor. Sie umfasst die Äußerung der Bürger, die rechtsschöpferische Initiative, die Wähleraufträge, die Rechenschaftspflicht der Abgeordneten der Repräsentativorgane und der gewählten Amtspersonen der kommunalen Selbstverwaltung, die Versammlung und die Konferenz von Bürgern.

Im Vergleich zur eindeutigen Abgrenzung der Formen der unmittelbaren und der Repräsentativherrschaft existieren auch solche Formen der Verwirklichung der Macht durch das Volk, die für die vor ihm stehenden Aufgaben und die Formen der unmittelbaren Volksherrschaft sowie für die Formen der Arbeit repräsentativer Herrschaft genutzt werden. Die territoriale gesellschaftliche Selbstverwaltung und die politischen Parteien können als komplexe Formen der Demokratie auch nach einem anderen Kriterium bezeichnet werden, und zwar nach den durch sie zu erfüllenden Funktionen. Wenn wir davon ausgehen, dass die modernen Formen der unmittelbaren Volksherrschaft dazu berufen sind, eine der Funktionen – imperativ, konsultativ oder regulativ – zu verwirklichen, dann schließen die erwähnten komplexen Formen der Volksherrschaft einige weitere Funktionen ein, so die territoriale gesellschaftliche Selbstverwaltung (imperativ-regulativ-konsultativ) und die Tätigkeit der politischen Parteien (regulativ-konsultativ).[7]

Neben den zahlreichen grundlegenden Funktionen der Formen der unmittelbaren Demokratie ist es zweckmäßg, diesen ergänzende Funktionen zuzuteilen: erziehungsrechtliche, ideologische, patriotisch-kulturelle Funktion u.a.m.

Die Formen, die das System der unmittelbaren Demokratie und ihre Vielfältigkeit darstellen, unterscheiden Russland zweifelsohne von anderen Staaten. Das Fehlen der legalen Bestimmung der Formen der unmittelbaren Demokratie auf der föderalen Ebene pervertiert den Mechanismus der unmittelbaren Volksherrschaft und führt zu einer Vertauschung der Begriffe, was die verfassungsmäßige demokratische Ideologie und den verfassungsmäßigen Imperativ Volksherrschaft diskreditiert.

---

6 *Komarova*, Formen der unmittelbaren Demokratie in Russland, Moskau 1998, S. 38; *dieselbe*, Formen der unmittelbaren Demokratie in Russland, Lehrbuch, ergänzte und überarbeitete Fassung, Moskau 2010, S. 87.

7 Siehe *Komarova*, Der Mechanismus der Volksherrschaft im modernen Russland, Moskau 2006, S. 76.

III. Unterscheidungskriterien der Formen der unmittelbaren Demokratie

Einige Formen der unmittelbaren Demokratie unterscheiden sich voneinander nach formalen, nicht aber nach wesentlichen Merkmalen. So besteht ein Unterschied zwischen der Versammlung und der Konferenz in dem Verfahren der Vorbereitung und dem Territorium der Durchführung, aber die zu lösenden Fragestellungen und das Ergebnis sind gleich.

Die kollektive Behandlung der Volksinitiative und der schriftlichen Anweisungen unterscheiden sich dadurch, dass sie differenzierte Verfahren der Einreichung, des Umlaufs unter den Adressaten und der Beantwortung des Antrages, unterschiedliche Fristen sowie unterschiedliche Ergebnisse haben.

Meetings, Umzüge, Kundgebungen und Streikposten, die das gleiche Ergebnis (Beratungsgruppe) aufweisen und unter gleichen Bedingungen durchgeführt werden (gesellschaftspolitischer Charakter), unterscheiden sich jedoch durch die Anzahl der Teilnehmer, die Formen und Arten der Meinungsäußerung.

Nach Auffassung der Autorin ist ein Modellgesetz auf der föderalen Ebene erforderlich, dessen Maximum ein föderales Gesetz über die unmittelbare Volksherrschaft mit der Festlegung eines Minimums an Garantien ist, die durch den Staat gewährleistet werden.

Auf der Ebene der Subjekte der RF werden die Formen der unmittelbaren Volksherrschaft auf der Ebene der kommunalen Macht stärker genutzt als bei der Verwirklichung der staatlichen Macht auf der föderalen Ebene, so z.B. die Volksinitiative. Auf der föderalen Ebene ist das Volk nicht berechtigt, unmittelbar den gesetzgebenden Prozess zu initiieren sowie an der Initiierung einer Revision und Änderung der Verfassung der RF teilzunehmen.

In der Gesetzgebung der Subjekte der RF wird im Unterschied zur föderalen Ebene das Recht des Volkes verbrieft, Änderungsanträge ebenso wie die Revision und Änderung der Verfassung (des Statuts) des Subjekts zu initiieren, z.T. besteht die Möglichkeit, den Entwurf eines neuen Grundgesetzes vorzuschlagen (Udmurtische Republik, Republik Hakassien, Primorskij Kraj, Woronesher und Murmansker Gebiet usw.).

Als Beispiel für ein Subjekt, in dem das Volk nicht nur die Änderung des Grundgesetzes initiiert, sondern auch den Entwurf eines neuen Grundgesetzes einführen kann, kann das Irkutsker Gebiet genannt werden.

In der Gesetzgebung des Altaiskij und Krasnodarsker Kraj ist das Recht der gesetzgebenden Initiative festgeschrieben.

Eine der Äußerungsformen der konsultativen Teilnahme des Volkes an der Ausarbeitung und Annahme eines Statuts kann die *Erörterung durch das Volk* sein. Diese ist nach der Entscheidung der Gesetzgebenden Versammlung des

Wologdaer Gebiets möglich beim Entwurf des Statuts sowie beim Gesetzentwurf über Änderungen und Ergänzungen, die durch eine Gebietsdiskussion eingeführt werden können.

Bei dem *Institut der Volksinitiative* ist es zweckmäßig, die Regelung der Sammlung der Unterschriften zu vereinheitlichen (der Prozentsatz der Personen, die ein aktives Wahlrecht in dem jeweiligen Territorium haben, ist zu bestimmen), die verbindliche vorrangige Bearbeitung des vom Volk initiierten Entwurfs durch das Repräsentativorgan festzulegen, die Mitteilung in den Medien (Veröffentlichung) durch andere Arten der Unterrichtung über die Annahme oder Nicht-Annahme des vom Volk vorgeschlagenen Akts zu ergänzen, sowie die Möglichkeit der Volksinitiative, die durch das Repräsentativorgan abweichend auf das Referendum ohne Sammlung von Unterschriften oder mit Aufrechnung der schon gesammelten Unterschriften übertragen wird, ist vorzusehen.

Das *Institut der schriftlichen Anweisungen* wird im gegenwärtigen Russland nicht nur als Bestandteil des imperativen Mandats beim Zustandekommen der kommunalen Macht angewandt. Bei der Verwirklichung der Staatsmacht in den Subjekten kommt dieses Institut zur Anwendung, was der Unterstützung und der unifizierten Regelung sowie der Erweiterung der praktischen Anwendung dient. Es ist unbedingt ein Mechanismus der Rechenschaftslegung in der Gesetzgebung über die schriftlichen Anweisungen zu schaffen: Rechenschaftslegung vor der Bevölkerung mit der verbindlichen Benachrichtigung des Subjekts des Auftrags durch Veröffentlichung für die Teilnehmer und Interessenten.

In der Gesetzgebung gibt es praktisch keinen Mechanismus der Abrechnung der Willensäußerung des Volkes, der mittels der konsultativen Formen zum Ausdruck gebracht wird. Dadurch bedingt, wird das Prinzip der Einheit des Volkes nicht erfüllt. Die Frage, die auf jede beliebige Form der Volksherrschaft angewandt wird, kann gesellschaftliche und staatliche Bedeutung haben, aber der Gesetzgeber setzt die Anzahl der Teilnehmer nicht fest, die es erlauben, diese Formen als Äußerung des Volkswillens zu bezeichnen. Es gibt – wie schon erwähnt – keinen Mechanismus der Verwirklichung.

Leider entsprechen der Umfang der organisatorischen und rechtlichen Mechanismen und der finanzielle Aufwand der Gruppe der konsultativen Formen häufig nicht dem Ergebnis.

Das Föderale Gesetz vom 6. Oktober 2003 „Über die allgemeinen Prinzipien der Organisation der örtlichen Selbstverwaltung in der RF“[8] verbrieft die öffent-

8 Gesetzessammlung der RF, 2003, Nr. 40, S. 3822.

liche Anhörung und weist auf das Ziel ihrer Anwendung hin: die Erörterung der Entwürfe der kommunalen Rechtsakte zu Fragen mit örtlicher Bedeutung.

In der kommunalen Praxis findet man zum ersten Mal die *Form der unmittelbaren Demokratie mit empfehlendem Charakter*, die zu den durch das Gesetz bestimmten Fragen mit örtlicher Bedeutung durchgeführt werden soll. Die Normen des Föderalen Gesetzes vom 21. Juli 2005 N 97-FZ „Über die staatliche Registrierung der Satzungen der kommunalen Gebilde"[9] sehen ergänzend einen Mechanismus der verbindlichen Durchführung der öffentlichen Anhörung vor.

Es entsteht die berechtigte Frage über die Zweckmäßigkeit solcher umfangreichen organisatorisch, rechtlich und finanziell aufwändigen Maßnahmen bei der Durchführung der öffentlichen Anhörungen, die keinen großen Nutzeffekt haben.

Die nur bedingte Ergiebigkeit und die Verhältnismäßigkeit der Aufwendungen sprechen nicht *für*, sondern *gegen* die ihrem Wesen nach richtige Idee der öffentlichen Anhörungen. Die Zweckmäßigkeit der Durchführung der öffentlichen Anhörungen ohne Mechanismus der Verwirklichung ihres Ergebnisses macht den Inhalt fruchtlos, führt zur „Diskriminierung" der Idee der Volksherrschaft selbst und untergräbt das Vertrauen des Volkes in seine eigene Kraft und in seine Rolle bei der Leitung des Staates.

Ein analoges Problem besteht auch in Bezug auf das Institut der Umfragen und der Erörterungen. Es existiert ein breites Spektrum der Regelungen der *Institute der Umfragen.* Zweifellos bestehen aber zwischen den öffentlichen Anhörungen, den Umfragen und Erörterungen Unterschiede. Sie schließen Formen der Durchführung, verschiedene Initiatoren und Gegenstände in sich ein. Das Institut der Erörterung und der Umfragen ist breiter als das Institut der öffentlichen Anhörungen. Ungeachtet dessen verdient das Vorhandensein eines Mechanismus der Abrechnung in den *Instituten der Erörterung und der Umfragen*, der in einigen Rechtsakten festgelegt ist, eine Erweiterung auf das Institut der öffentlichen Anhörungen. Die Machtorgane sind verpflichtet, die Bevölkerung durch die Medien (Veröffentlichung) bzw. durch andere Arten der Unterrichtung über die berücksichtigten und abgelehnten Vorschläge zu benachrichtigen, die im Prozess der Durchführung der konsultativen Formen geäußert wurden und ihre Entscheidungen zu begründen. Hinsichtlich der erwähnten Institute – besonders hinsichtlich der öffentlichen Anhörungen – erscheint es als zweckmäßig, das Minimum der anwesenden Personen in Prozenten zum Verhältnis zu den Personen, die das aktive Wahlrecht haben, festzusetzen. Das gestattet es, die zu regelnden Verfahren zu ordnen und diese Formen der unmittelbaren Demokratie aus der Gruppe der Formen fiktiver Demokratie zu entfernen.

---

9 Gesetzessammlung der RF, 2005, Nr. 30, S. 3108.

In die Gesetzgebung über Demonstrationen (Manifestationen) und Aufrufe muss ein besonderes Verfahren der Behandlung von kollektiven Aufrufen, die während der Durchführung der Manifestation angenommen werden, und der begründeten Antworten auf sie festgelegt werden – mit der unbedingten Veröffentlichung für die Teilnehmer und interessierten Personen.

Die *Institution der Verantwortlichkeit* – vor allem der verfassungsrechtlichen und kommunalrechtlichen Verantwortlichkeit – soll nach den Forderungen der politischen Parteien in Verbindung mit dem Übergang zum proportionalen Wahlsystem ergänzt werden. Zum Beispiel ist es zweckmäßig, in die o.g. Sphäre die Verantwortlichkeit der politischen Parteien für die Nichterfüllung von Wahlprogrammen einzuführen, die Pflicht der politischen Parteien festzusetzen, vor ihren Wählern und Mitgliedern über den Prozess der Erfüllung und über die durchgeführten Maßnahmen zur Realisierung der Vorwahlprogramme Bericht zu erstatten, einen Mechanismus der Aufträge an die politischen Parteien festzusetzen, einen Mechanismus zu schaffen, der es den Bürgern erlaubt, Abgeordnete des Wahlorgans zurückweisen zu können oder die Frage zur Lösung der Aufträge durch die politischen Parteien zu stellen, den Mechanismus zur Senkung der staatlichen Unterstützung (Finanzierung) der politischen Parteien zu festigen, der in der Duma der Föderalen Versammlung der RF, den Sitzungen und anderen Formen der Tätigkeit der Kammer, an denen die Parteien nicht teilnehmen, vorgestellt wurde und der die unbedingte Veröffentlichung dieser Mitteilungen in der Presse erfordert.

Im Sinne einer organisatorischen Maßnahme sind das zentrale Exekutivkomitee der RF und das System der Wahlkommissionen verpflichtet, einen Nachweis über die gehandhabten Formen der unmittelbaren Demokratie zu führen und diese zu analysieren, denn in dieser Sphäre wird – mit Ausnahme der Wahlen – keine Statistik geführt.[10]

IV. Fazit

Nach Auffassung der Autorin ist es erforderlich, dass der Staat in der genannten Sphäre weitere Schritte geht, weil sich sonst die Scheindemokratie in Russland fortsetzt und die verfassungsmäßigen Normen über den Demokratismus der russischen Staatlichkeit fiktiv bleiben.

---

10 Siehe *Komarova*, Regulative und konsultative Formen der unmittelbaren Willensäußerung der Bürger: ihr gegenwärtiger Zustand und die Perspektiven ihrer Vervollkommnung, in: Die Modernisierung Russlands unter der Bedingung seiner effektiven Entwicklung im XXI. Jahrhundert, Moskau 2010, S. 146 - 152.

Föderalismus in Deutschland

*Bert-Sebastian Dörfer**

Der Föderalismus als Organisationsprinzip der Bundesrepublik Deutschland lässt sich historisch auf ein entsprechendes Votum der 3 alliierten Westmächte bei der Gründung der Bundesrepublik zurückführen. Die Dezentralisierung des Staatswesens durch die Schaffung eines Bundesstaates war eine wesentliche Bedingung für die Zustimmung der Alliierten zur Gründung der Bundesrepublik.[1] Das Wesen des Bundesstaates besteht in der Zusammenfassung von Staaten zu einem Verband, der einen Gesamtstaat bildet, ohne dass die Gliedstaaten ihre Staatlichkeit einbüßen. Die Gliedstaaten verlieren zwar gegebenenfalls ihre völkerrechtliche Souveränität. Es verbleibt ihnen jedoch ein erheblicher Anteil staatlicher Eigenständigkeit. Die spezifisch bundesstaatliche Machtverteilung zwischen Gesamtstaat und Gliedstaaten betrachteten die Alliierten seinerzeit als Garantie für eine dauerhafte Dezentralisierung staatlicher Macht.[2]

I. Bundesstaat, Grundgesetz und Bundesstaatsprinzip

Art. 20 I GG lautet wie folgt: *„Die Bundesrepublik Deutschland ist ein demokratischer und sozialer Bundesstaat."* Durch diese Verfassungsnorm wird der Föderalismus in Deutschland zum Staatsprinzip erhoben und in Gestalt des Bundesstaates konstituiert. Art. 20 I GG ist daher die zentrale Bestimmung des föderativen Staatswesens und zugleich Quelle des sog. Bundesstaatsprinzips. Die Bundesstaatsverfassung – also die Gesamtheit aller bundesstaatlichen Verfassungsnormen – enthält neben Art. 20 I GG eine Vielzahl föderativer Bestimmungen, die dem deutschen Bundesstaat seine konkrete Gestalt verleihen.

Bereits in der Präambel des Grundgesetzes findet sich ein entscheidender Hinweis auf das föderative Staatswesen. Die Präambel beruft sich zunächst auf das gesamte *„Deutsche Volk"*, bezieht sich jedoch dann im zweiten Absatz auf die Deutschen in den 16 Bundesländern. Damit trifft die Präambel zwar keine verbindliche Festlegung über das föderative Staatswesen. Jedoch enthält sie bereits einen ersten Hinweis.

---

* *Dr. iur. Bert-Sebastian Dörfer* ist Mitarbeiter der Rechtsabteilung der Bundesärztekammer Berlin.

1 Der Parlamentarische Rat, Bd. 1, Dokument Nr. 4, S. 30 f.

2 Der Parlamentarische Rat (Anm. 1), S. 30 f.

Die Begründung des Bundesstaates erfolgt, wie bereits erwähnt, in Art. 20 I GG. Die Festlegung auf die bundesstaatliche Organisationsstruktur enthält zugleich die notwendige Abgrenzung gegenüber dem Staatenbund einerseits und dem Einheitsstaat andererseits. Zu der theoretisch-konstruktiven Struktur des Bundesstaates trifft die Bundesstaatsverfassung keine Aussage. In der Staatsrechtslehre bestand Uneinigkeit darüber, ob neben dem Bund als Gesamtstaat und den Ländern als Gliedstaaten eine weitere dritte staatliche Ebene i.S. eines Oberstaates anzunehmen sei.[3] Das *BVerfG* als Hüter der Verfassung hat sich für den zweigliedrigen Bundesstaatsbegriff ausgesprochen. Das Gericht hat sich hierbei zutreffend daran orientiert, dass die Verfassung nur den Bund und die Länder als Adressaten staatlicher Zuständigkeiten benannt hat.[4]

Mit der Konstituierung des Bundesstaates ermöglicht Art. 20 I GG zugleich die Ableitung des Bundesstaatsprinzips.[5] Dieses Prinzip ist einerseits Auslegungsmaßstab bei der Verfassungsinterpretation[6] und anderseits Quelle weiterer Unterprinzipien, wie dem Grundsatz der Bundestreue[7]. Die Bundestreue als ungeschriebener Verfassungsgrundsatz verpflichtet bemerkenswerter Weise nicht nur die Länder gegenüber dem Bund, sondern – nach Ansicht des *BVerfG* – auch den Bund gegenüber den Ländern zu *bundesfreundlichem Verhalten*.[8]

Eine weitere zentrale Vorschrift der Bundesstaatsverfassung ist Art. 79 III GG. Durch diese Vorschrift wird das föderative Staatswesen vor essentiellen Veränderungen geschützt. Eine Änderung der Verfassung, durch welche das Bundesstaatsprinzip, also der Föderalismus in Frage gestellt wird, ist danach unzulässig. Unantastbar sind zudem die Gliederung des Bundes in Länder sowie die Mitwirkung der Länder bei der Gesetzgebung. In Art. 79 III GG wird somit klargestellt, dass der Föderalismus als Organisationsform des existierenden deutschen Staates unantastbar ist.

---

3 So etwa *Nawiasky*, Allgemeine Staatslehre, 3. Teil, 1956, S. 144 f; *Maunz*, Deutsches Staatsrecht, 1951, S. 110. Kritik übten u.a. *Hesse*, Der unitarische Bundesstaat, 1962, S. 6 und *Scheuner*, Struktur und Aufgabe des Bundesstaates in der Gegenwart, in: DÖV 1962, S. 641 (644).

4 *BVerfG*, Urt. v. 11.07.1961 – 2 BvG 2/58 (Neugliederung Hessen) – E 13, 54 (77).

5 *BVerfG*, Urt. v. 23.10.1951 – 2 BvG 1/51 (Südweststaat) – E 1, 14 (48).

6 *BVerfG*, Urt. v. 10.05.1960 – 2 BvL 76/58 (Ermächtigungsadressaten) – E 11, 77 (85 f); Urt. v. 24.06.1986 – 2 BvF 1/83, u.a. (Länderfinanzausgleich I) – E 72, 330 (398).

7 *BVerfG*, Urt. v. 21.05.1952 – 2 BvH 2/52 (Wohnungsbauförderung) – E 1, 299 (315); Urt. v. 28.02.1961 – 2 BvG 1/60 (Deutschland-Fernsehen) – E 12, 205 (254); Urt. v. 22.05.1990 – 2 BvG 1/88 (Kalkar) – E 81, 310; Beschl. v. 27.06.2002 – 2 BvF 4/98 (Aufgabenübertragung Oberfinanzdirektion) – E 106, 1.

8 *BVerfG* (Anm. 7), E 1, 299 (315); (Anm. 7), E 12, 205 (254).

Nicht ausgeschlossen ist hingegen eine Neugliederung des Bundesgebietes, die Art. 29 GG ausdrücklich ermöglicht.[9] Allerdings ist eine Neugliederung nach Art. 29 GG nur möglich, soweit dies erforderlich ist, um die Aufgabenerfüllung durch die Länder zu gewährleisten. Eine Änderung der Anzahl der Länder oder ihr Zuschnitt sind somit nur unter engen Voraussetzungen möglich.

Das Grundgesetz enthält zahlreiche weitere Bestimmungen, die dem deutschen Föderalismus seine konkrete Gestalt verleihen. Hierzu gehören die Bestimmungen über die Verteilung der Gesetzgebungskompetenzen zwischen Bund und Ländern, die Zuständigkeit für den Vollzug der Bundesgesetze und nicht zuletzt die Vorschriften der Finanzverfassung. Zuvor jedoch noch einige Bemerkungen zum Status der Bundesländer.

II. Die Staatsqualität der Bundesländer

Das Grundgesetz konstituiert in Art. 20 I GG den Bundesstaat. Die Verfassung trifft jedoch keine Aussage darüber, ob die Länder Staatsqualität besitzen. Art. 30 GG besagt sinngemäß, dass die Ausübung der staatlichen Befugnisse und die Erfüllung der staatlichen Aufgaben Sache der Länder ist, wenn nicht der Bund durch die Verfassung die Zuständigkeit erhält. Art. 30 GG erweist sich somit nur als deklaratorischer Ausgangspunkt der weiteren Kompetenzverteilung zwischen Bund und Ländern. In einer anderen Vorschrift der Verfassung, in Art. 28 GG, wird die Verfassungshoheit der Länder vorausgesetzt, worin durchaus ein deutlicher Hinweis auf die Staatlichkeit der Länder gesehen werden kann. Allerdings erfolgt auch dort eine Relativierung: Art. 28 GG erfordert eine grundsätzliche Übereinstimmung der Länderverfassungen mit der Bundesverfassung, die sog. Verfassungshomogenität.

Das *BVerfG* hat sich zu der Frage der Staatsqualität der Länder bereits ganz zu Beginn seiner Tätigkeit klar positioniert. In seinem ersten Urteil überhaupt, der sog. Südweststaat-Entscheidung vom 23. Oktober 1951, hat es klargestellt: *„Die Länder sind als Glieder des Bundes Staaten mit eigener – wenn auch gegenständlich beschränkter – nicht vom Bund abgeleiteter, sondern von ihm anerkannter staatlicher Hoheitsmacht.“*[10]

Mit dieser Klarstellung hat das *BVerfG* den Status der Länder als Staaten ausdrücklich festgestellt und wenig später auch Klarheit über die Verfassungshoheit der Länder geschaffen. Im Wortlaut einer späteren Entscheidung gibt das Gericht wichtige Einschätzungen sowohl zu dem föderativen Staatswesen insgesamt als auch zur Verfassungshoheit der Länder. Wörtlich heißt es dort: *„In ei-*

---

9 *BVerfG*, Beschl v. 09.09.1951 – 2 BvQ 1/51 – E 1, 1 (14).

10 *BVerfG* (Anm. 5), E 1, 14 (34).

nem so betont föderativ gestalteten Staat wie der Bundesrepublik Deutschland stehen die Verfassungsräume des Bundes und der Länder grundsätzlich selbständig nebeneinander. Das Grundgesetz gibt für die Verfassungen der Länder nur wenige Normativbestimmungen. Im Übrigen können die Länder ihr Verfassungsrecht und damit auch ihre Verfassungsgerichtsbarkeit nach eigenem Ermessen ordnen.“[11] Staatsqualität und Verfassungshoheit sind somit höchstrichterlich anerkannt.

III. Die Gesetzgebungskompetenzen im deutschen Bundesstaat

Die Bundesstaatsverfassung regelt auch die Verteilung der Gesetzgebungskompetenzen zwischen Bund und Ländern. Die Generalklausel des Art. 70 I GG weist das Recht der Gesetzgebung grundsätzlich den Ländern zu. Allerdings wiederum unter dem Vorbehalt, dass nicht dem Bund die Gesetzgebungszuständigkeit verliehen ist. Da das Grundgesetz zahlreiche Vorschriften enthält, die dem Bund in erheblichem Umfang Gesetzgebungskompetenzen verleihen, existiert in diesem Bereich ein deutliches Übergewicht des Bundes gegenüber den Ländern. Die Verfassung räumt dem Bund in Art. 73 GG einen umfangreichen Katalog *ausschließlicher Gesetzgebungskompetenzen* ein, auf die die Länder prinzipiell keinen Zugriff haben. Dies betrifft vor allem Bereiche, die notwendigerweise nur bundesgesetzlich geregelt werden können. Exemplarisch seien hier die auswärtigen Angelegenheiten Deutschlands, die deutsche Staatsangehörigkeit und die Währung genannt.

Neben der ausschließlichen Gesetzgebungskompetenz des Bundes benennt die Verfassung in Art. 72 GG auch den Kompetenzbereich der *konkurrierenden Gesetzgebung*. In diesem Bereich, zu dem die Verfassung in Art. 74 GG ebenfalls einen umfangreichen Katalog vorweist, konkurrieren Bund und Länder um die Gesetzgebungszuständigkeit. Die Länder können auf die Gegenstände der konkurrierenden Gesetzgebung jedoch nur dann zurückgreifen, wenn der Bund nicht seinerseits von ihnen Gebrauch gemacht hat.

Der Bund war bis 2006 nur zur konkurrierenden Gesetzgebung berechtigt, soweit hierzu ein gesamtstaatliches Bedürfnis bzw. Erfordernis bestand. Ein solches Bedürfnis oder Erfordernis konnte sowohl nach der alten als auch nach der neuen Rechtslage nur dann vorliegen, wenn die Herstellung gleichwertiger Lebensverhältnisse im gesamten Bundesgebiet sowie die Wahrung der Rechts- und Wirtschaftseinheit in Frage stand. In der Praxis nahm der Bundesgesetzgeber die Kompetenztitel der konkurrierenden Gesetzgebung jedoch geradezu nach Belie-

11 *BVerfG*, Beschl. v. 11.05.1955 – 1 BvO 1/54 (Landesgesetze zur Verwaltungsgerichtsbarkeit) – E 4, 178 (187).

ben in Anspruch. Das *BVerfG* ist hiergegen nicht eingeschritten[12] und wurde deswegen heftig kritisiert[13]. Die extensive Inanspruchnahme der konkurrierenden Gesetzgebung durch den Bundesgesetzgeber verringerte den Handlungsspielraum der Länder erheblich. Erst durch eine Klarstellung des verfassungsändernden Gesetzgebers[14], beziehungsweise durch die späte Klarstellung des *BVerfG*[15] wurde der Bundesgesetzgeber in seine Schranken gewiesen. Das Gericht stellte klar, dass die Inanspruchnahme der konkurrierenden Gesetzgebung durch den Bund ausschließlich in den normierten Fällen gesamtstaatlichen Interesses zulässig ist.[16]

Im Rahmen der Verfassungsreform des Jahres 2006 wurde die konkurrierende Gesetzgebung differenzierter gestaltet, wenn auch nur unwesentlich zu Gunsten der Länder.[17] Auf bestimmte Bereiche kann der Bund nun sogar ohne Weiteres zugreifen. Teilweise kann der Bund auch weiterhin nur dann tätig werden, soweit eine bundesgesetzliche Regelung für die Herstellung gleichwertiger Lebensverhältnisse oder die Wahrung der Rechts- bzw. Wirtschaftseinheit im gesamten Bundesgebiet erforderlich ist. Schließlich räumt die Verfassung den Ländern in bestimmten Bereichen ein Abweichungsrecht ein. So können die Länder etwa auf dem Gebiet des Naturschutzes und der Raumordnung von den Vorgaben des Bundes abweichen.

Eine Aufzählung ausschließlicher Gesetzgebungskompetenzen der Länder enthält die Verfassung nicht. Vielmehr ergibt sich aus der grundsätzlichen Zuweisung der Gesetzgebungszuständigkeit an die Länder ein gewisser Umfang originärer Gesetzgebungskompetenzen; einerseits weil nur die Länder sie sachgerecht wahrnehmen können und andererseits weil sie dem Bund schlicht nicht zugewiesen sind. Exemplarisch sind die Verfassungshoheit der Länder, die Zuständigkeit für die innere Sicherheit, also das Polizeirecht und das Recht der Gefahrenabwehr in den Ländern, sowie die Kultur- und Bildungshoheit der Länder zu nennen. Als Ergebnis bleibt festzuhalten, dass der Bund ein starkes Übergewicht bei der Gesetzgebung im Bundesstaat hat.

---

12 *BVerfG*, Beschl. v. 22.04.1953 – 1 BvL 18/52 (Straffreiheitsgesetz) – E 2, 213 (224); Urt. v. 01.12.1954 – 2 BvG 1/54 (Besoldungsneuregelung) – E 4, 115 (127 f.); Urt. v. 29.11.1961 – 1 BvR 758/57 (Ladenschlussgesetz I) – E 13, 230; Beschl. v. 15.07.1969 – 2 BvF 1/64 (Eisenbahnkreuzung) – E 26, 338; Beschl. v. 08.06.1988 – 2 BvL 9/85, u.a. (Fehlbelegungsabgabe) – E 78, 249 (270).

13 Vgl. die Darstellung bei *Dörfer*, Bundesverfassungsgericht und Bundesstaat, 2010, S. 131.

14 Art. 72 GG i.d.F. des Art. 1 Nr. 5 des Grundgesetz-Änderungsgesetzes v. 27.10.1994.

15 *BVerfG*, Urt. v. 24.10.2002 – 2 BvF 1/01 (Altenpflege) – E 106, 62 (135 ff.); Beschl. v. 03.07.2007 – 1 BvR 2186/06 (Hufbeschlaggesetz) – E 119, 59 (82 f.).

16 *BVerfG* (Anm. 15), E 106, 62 (144 - 149).

17 Vgl. Art. 72 GG i.d.F. des GG-Änderungsgesetzes vom 28.08.2006.

Dieses Übergewicht des Bundes bei der Gesetzgebung versucht die Verfassung an anderer Stelle auszugleichen. Das Grundgesetz regelt neben den Gesetzgebungszuständigkeiten auch die Zuständigkeiten für den Vollzug der Bundesgesetze. In diesem Bereich besteht ein deutliches Übergewicht zugunsten der Länder. Art. 83 GG enthält die zentrale Vorgabe für die Exekutive der Bundesgesetze. Sie lautet: *„Die Länder führen die Bundesgesetze als eigene Angelegenheit aus, soweit dieses Grundgesetz nichts anderes bestimmt."* Diese Regelzuständigkeit wird durch den Vorbehalt bundeseigener Exekutive auch nicht entscheidend eingeschränkt. Tatsächlich ist die Anzahl der Bestimmungen im Grundgesetz, die eine bundeseigene Exekutive vorsehen, eher gering. Art. 87 GG nennt u.a. etwa den Auswärtigen Dienst, die Bundesfinanzverwaltung, den Bundesgrenzschutz und den Bundesverfassungsschutz. Dies bedeutet für die Verfassungspraxis, dass der Bundesgesetzgeber zwar auf umfassende legislative Kompetenzen zurückgreifen kann, dass der Vollzug dieser Gesetze jedoch in der Regelzuständigkeit der Länder liegt.

IV. Die Mitwirkung der Länder an der Bundesgesetzgebung im Bundesrat

Das entscheidende Korrektiv gegenüber der Gesetzgebungsmacht des Bundes stellt jedoch der Bundesrat dar. Art. 51 GG regelt durch das Verfassungsorgan Bundesrat die Mitwirkung der Länder bei der Gesetzgebung. Im Bundesrat sind die Länder durch Vertreter der jeweiligen Landesregierungen repräsentiert.

Der Bundesrat wird durch Art. 51 GG ermächtigt, seinerseits Gesetzgebungsverfahren zu initiieren. Er kann stets Einspruch gegen ein vom Bundestag beschlossenes Gesetz einlegen und den Bundestag so zu einer erneuten Beratung verpflichten. Ein bedeutender Anteil der Gesetze, die im Bundestag beschlossen werden, bedarf sogar der Zustimmung des Bundesrates. Damit ist zugleich die intensivste Mitwirkung der Länder an der Bundesgesetzgebung angesprochen.

Das Zustimmungsrecht des Bundesrates wird teilweise ausdrücklich im Verfassungstext geregelt. So sind etwa Verfassungsänderungen nur mit Zustimmung von zwei Dritteln der Stimmen des Bundesrates möglich. Andererseits erhält der Bundesrat Zustimmungsrechte im Gesetzgebungsverfahren, sofern der Bundesgesetzgeber den Vollzug von Bundesgesetzen durch die Länder zu normieren beabsichtigt. Nach heutiger Rechtslage können die Bundesländer von derartigen Regeln abweichen, wie Art. 84 GG seit dem Jahr 2006 klarstellt.[18]

In der Vergangenheit lag der Anteil der zustimmungsbedürftigen Gesetze zeitweise bei annähernd 70 %. Je nach den parteipolitischen Mehrheitsverhält-

18 Art. 84 I GG i.d.F. des GG-Änderungsgesetzes v. 28.08.2006.

nissen im Bundesrat konnten die darin vertretenen Länderregierungen die Bundesgesetzgebung und damit auch die Politik der jeweils amtierenden Bundesregierung blockieren.[19] Diese sog. Blockade durch den Bundesrat hat die Debatte um die Reformbedürftigkeit des deutschen Föderalismus entscheidend geprägt und war zugleich Ausgangspunkt der Föderalismusreform des Jahres 2006.[20] Nach der neuen Verfassungslage ist die Anzahl der zustimmungspflichtigen Gesetze geringer. Hierfür wurde zugunsten der Länder die Einflussnahme des Bundesgesetzgebers auf den Vollzug der Bundesgesetze durch die Länder reduziert. Danach regeln die Länder den Vollzug der Bundesgesetze grundsätzlich eigenständig. Soweit der Bundesgesetzgeber dennoch den Vollzug durch die Länder regelt, können die Länder hiervon abweichende Regelungen treffen. Nur noch in Ausnahmefällen, wenn ein besonderes bundeseinheitliches Bedürfnis vorliegt, darf der Bund den Vollzug durch die Länder verbindlich regeln. Hierfür ist dann allerdings wiederum die Zustimmung der Länder im Bundesrat erforderlich.

V. Finanzverfassung

Das *BVerfG* hat die Bestimmungen der Finanzverfassung als einen der Eckpfeiler der bundesstaatlichen Ordnung bezeichnet.[21] Diese Einschätzung trifft zweifellos zu, da die Art. 104a bis 108 GG die Voraussetzungen für die notwendige finanzielle Ausstattung des föderativen Staatswesens schaffen. Zur Erfüllung ihrer jeweiligen staatlichen Aufgaben weist die Finanzverfassung dem Bund und den Ländern die Ertragshoheit und die entsprechenden Anteile an den jeweiligen Steuern zu.

An dieser Stelle soll nur auf den sekundären horizontalen Länderfinanzausgleich eingegangen werden. Er verkörpert in besonderem Maße den solidarischen Anspruch zwischen den Bundesländern.

Der sekundäre Länderfinanzausgleich nach Art. 107 II GG greift ein, nachdem bereits auf einer ersten Stufe die Finanzkraft der finanzschwächeren Länder bis zu einem gewissen Maße ausgeglichen wurde. Zusätzlich zu diesem ersten Ausgleich verpflichtet die Verfassung die finanzstarken Länder in Art. 107 GG zu einer gesonderten Unterstützung der finanzschwachen Länder. Die finanzstarken Länder – exemplarisch sind die Länder Bayern und Baden-Württemberg zu nennen – zahlen danach aus ihrem Gesamthaushalt die entsprechende Ausgleichszahlung an die finanzschwachen Bundesländer – etwa die ostdeutschen Bundesländer und die Länder Berlin und Bremen. Das *BVerfG* hat im Hinblick

---

19 Zur Bedeutung der Rechtsprechung des *BVerfG*: *Dörfer* (Anm. 13), S. 170.

20 *Trute*, in: Starck (Hrsg.), Föderalismusreform, 2007, Rn. 147 - 154.

21 *BVerfG*, Urt. v. 28.03.2002 – 2 BvG 1/01 u.a. (UMTS-Lizenz) – E 105, 185 (194).

auf den sekundären Finanzausgleich den Begriff der bundesstaatlichen Solidargemeinschaft geprägt.[22]

Das Prinzip der Solidarität im Bundesstaat findet jedoch dort seine Grenze, wo der Bund und die Länder die Schuldentilgung eines Landes übernehmen. Derartige Sanierungshilfen sind nach Ansicht des *BVerfG* nur in absoluten Haushaltsnotlagen und auch nur vorübergehend zulässig.[23] *„Lebensunfähige Länder"* – so das Gericht wörtlich – dürften nicht künstlich am Leben erhalten werden.[24] Die Anforderungen an die Haushaltsdisziplin und den Schuldenabbau der langfristig verschuldeten Länder hat das Gericht damit drastisch erhöht.

Im Ergebnis hat die Rechtsprechung des *BVerfG* dazu geführt, dass die sog. Schuldenbremse in die Verfassung aufgenommen wurde. Hinter diesem umgangsprachlichen Begriff verbirgt sich eine im Jahr 2009 in Art. 109 III GG eingeführte Bestimmung[25], die dem Zweck der Haushaltssanierung und Haushaltskonsolidierung dient. Danach ist die regelmäßige jährliche Neuverschuldung des Bundes ab 2016 auf maximal 0,35 % des Bruttoinlandsproduktes beschränkt, es sei denn, es sind schwere Krisen, wie die gegenwärtige Finanzkrise des Euro-Währungsraumes zu bewältigen. Die Länder dürfen ab 2020 überhaupt keine neuen Schulden mehr aufnehmen. Bis dahin haben die Länder ihre Haushalte zu konsolidieren, wofür ihnen zwischen 2011 und 2019 insgesamt 800 Mio. Euro Konsolidierungshilfen durch den Bund zur Verfügung gestellt werden.

VI. Fazit

Die Bundesstaatsverfassung enthält zahlreiche Bestimmungen, die den deutschen Föderalismus konstitutiv prägen. Dem Bund und den Ländern sowie dem *BVerfG* obliegt die Aufgabe, die immanenten Interessengegensätze im föderativen Staatswesen im Interesse eines funktionierenden Bundesstaates aufzulösen. Das *BVerfG* ist vor dem Hintergrund der Erfahrungen der vergangenen Jahrzehnte dazu berufen, eine neutrale Position einzunehmen, die der Eigenstaatlichkeit der Bundesländer in vollem Umfang Geltung verschafft. Die Bundesstaatsverfassung des Grundgesetzes wurde zwischen den Jahren 2006 und 2009 tiefgreifenden Reformen unterzogen, die einerseits der Entflechtung der bundesstaatlichen Kompetenzen dienten und andererseits der nachhaltigen Absicherung der finanziellen Leistungsfähigkeit des Bundesstaates und seiner Gliedstaaten.

---

22 *BVerfG*, Urt. v. 24.06.1986 – 2 BvF 1/83 (Länderfinanzausgleich I) – E 72, 330 (386).

23 *BVerfG*, Urt. v. 27.05.1992 – 2 BvF 1/88 (Länderfinanzausgleich II) – E 86, 148 (261); Urt. v. 19.10.2006 – 2 BvF 3/03 (Haushaltsnotlage) – E 116, 327 (377).

24 *BVerfG*, Urt. v. 20.02.1952 – 1 BvF 2/51 (Finanzausgleichsgesetz) – E 1, 117 (134).

25 Art. 109 GG i.d.F. des GG-Änderungsgesetzes v. 29.07.2009.

Mit Spannung wird zu beobachten sein, ob diese Reformanstrengungen die erhofften Effekte herbeiführen werden.

Probleme des Föderalismus in Russland

*Nadezhda Mikhaleva**

Für Russland, ein Land mit einem riesigen Territorium, einer millionenstarken Bevölkerung und einem komplizierten Verhältnis zwischen den Völkern sowie einer interkonfessionellen Struktur waren die Probleme des Föderalismus, des Unitarismus und der Autonomie immer von äußerst wichtiger Bedeutung. Dieses Land wurde von den darin vereinigten großen und kleinen Völkern geschaffen und ist durch ethnisch-soziale Vielfältigkeit charakterisiert.

Die nationale Vielfältigkeit der russischen Gesellschaft ist einzigartig. Sie schließt nicht nur 180 Nationen, Nationalitäten und Völkerschaften in sich ein, sondern ist auch eine bedeutsame „Amplitude" der sozial-wirtschaftlichen Entwicklung, der ungewöhnlich schwierigen Ansiedelung von Ethnien und ethnischen Gruppen mit ihrer nicht einfachen Geschichte.

I. Das Post-Perestroika-Modell der föderalen Beziehungen

Das Post-Perestroika-Modell der föderalen Beziehungen in Russland gestaltete sich auf der Grundlage der Deklaration über die staatliche Souveränität der RSFSR vom 12. Juni 1990, des Föderalen Vertrages vom 31. März 1992 und der Verfassung der RF von 1993. Es ist charakterisiert durch folgende Merkmale:

- Beibehaltung des national-territorialen Prinzips des Aufbaus des Staates;
- Überwindung der Tendenz der Subjekte, die Souveränität zu erlangen;
- Suche nach der optimalen Struktur der Föderation;
- Positive Dynamik der Abgrenzung der Kompetenzbereiche und Befugnisse zwischen der Föderation und deren Subjekten;
- Ausgleich des sozialen und des wirtschaftlichen Niveaus der Entwicklung der Regionen;
- Ausarbeitung einer staatlichen nationalen Strategie zur Suche nach Wegen zur Beibehaltung der Verbindung zwischen den Völkern und des interkonfessionalen Einvernehmens.

Jede dieser Richtlinien des russischen Föderalismus soll in aller Kürze betrachtet werden:

1. National-territoriales Prinzip

Die RF ist auf der Grundlage der *Vereinigung der nationalen und der territorialen Prinzipien* aufgebaut. Die gegenwärtige russische Verfassungsrechtswissenschaft verzichtet auf die Auslegung der Föderation als eine Art zur Lösung der nationalen Frage.

Noch in der sowjetischen Periode des russischen Föderalismus wurde sein nationaler Charakter bezweifelt. Von allen Republiken im Bestand Russlands hatten nur 7 Titularnationen eine relative Majorität (Dagestan, Inguschetien, Kabardino-Balkarien, Kalmykien, Nordossetien-Alanija, Tatarstan, Tywa). Russland war nie ein mononationaler Staat, der aufgrund der ethnischen Identität des russischen Volkes geschaffen worden war. Die RF ist die juristische Form der multinationalen Gemeinschaft, die die Möglichkeit bietet, im Rahmen eines einheitlichen souveränen Staates die Lebenstätigkeit der zahlreichen Ethnien zu gewährleisten, die geschichtlich auf dem Territorium Russlands vereinigt sind und die das russische Volk bilden. In den Verfassungen der Republiken und den Statuten der Regionen, der Gebiete, der Städte mit föderaler Bedeutung und der autonomen Gebilde wird der nationale Charakter der Staatlichkeit betont.

2. Prinzip der Gleichberechtigung und Selbstbestimmung

In der Verfassung der RF, in den Verfassungen und Statuten der Subjekte der Föderation ist das *Prinzip der Gleichberechtigung und der Selbstbestimmung der Völker*, die das Land bewohnen, verankert.

Die juristische Anerkennung der nationalen Gleichberechtigung findet ihren Ausdruck in der Deklaration über die staatliche Souveränität der RSFSR vom 12. Juni 1990, in der föderalen Verfassung, den regionalen Verfassungen und Statuten, den Gesetzen über die Sprachen sowie in speziellen Akten wie z.B. „Über die Garantien der Rechte der Minderheiten-Urvölker in der Russischen Föderation“ vom 30. April 1999 Nr. 82-FZ (mit Änderungen)[1], „Über die allgemeinen Prinzipien der Organisation der Gemeinschaften kleiner Minderheiten-Urvölker im Norden, in Sibirien und im Fernen Osten der Russischen Föderation“ vom 20. Juli 2000 Nr. 104-FZ (mit Änderungen)[2].

Die Regionen sind bestrebt, ein möglichst günstiges Regime für die Vertreter der Minderheiten-Urvölker zu schaffen. Es ist vorgesehen, dass in den Territorien, in denen Minderheiten-Urvölker des Nordens, Sibiriens und des Fernen Ostens leben, durch Willenserklärung administrativ-territoriale Gebilde geschaffen werden können. Eines der grundlegenden Prinzipien der russischen Staatlichkeit stellt die Selbstbestimmung der Völker dar, was das Recht jedes Volkes (ob groß oder klein) voraussetzt, selbstständig die Frage über die Wahl der Form

---

1 Gesetzessammlung der RF, 1999, N 18, S. 2208; 2004, N 35, S. 3607; 2007, N 27, S. 3213; 2008, N 20, S. 2251; 2009, N 1, S. 17; N 14, S. 1575.

2 Gesetzessammlung der RF, 2000, N. 30, S. 3122; 2002, N 12, S. 1093; 2004, N 35, S. 3607; 2006, N 6, S. 636.

der staatlichen Organisation unter Berücksichtigung der Achtung der Interessen und der Würde der anderen Völker zu lösen. Die Selbstbestimmung des russischen Volkes – das ist die multiethnische Gesamtheit, die durch den russischen Kulturkern verbunden ist.[3]

Die großen Völker müssen die Rechte der kleinen schützen und Toleranz zeigen, und die kleinen Völker dürfen ihre eigenen Probleme nicht auf Kosten der großen lösen und nationale Ambitionen demonstrieren. *S. N. Baburin* führt ein weiteres Prinzip des Föderalismus ein: die Bewahrung der politisch-rechtlichen Eigenständigkeit Russlands.[4]

Eine Form der nationalen Selbstbestimmung der kleinen Völker bilden die nationalkulturellen Gesellschaften. Die föderalen Gesetze – „Die Grundlagen der Gesetzgebung der Russischen Föderation über die Kultur" vom 9. Oktober 1992 Nr. 3612-1 (mit Änderungen)[5] und „Über nationalkulturelle Autonomie" vom 17. Juni 1996 Nr. 74-FZ (mit Änderungen)[6] sehen die Bildung von nationalkulturellen Vereinigungen nach dem ethnischen Merkmal vor.

In der RF wurden der „Kongress der nationalen Vereinigungen Russlands", der „Kongress der russischen Gemeinschaften", der „Allrussische jüdische Kongress", die „Föderation der jüdischen Gemeinschaften", die „Vereinigung der Armenier Russlands", die „Belorussen Russlands", die „Ukrainer Russlands", die „Föderation der nationalen Kulturautonomien der Aserbaidshaner Russlands", die „Vereinigung der Tadshikistaner Russlands", die „Stiftung der Unterstützung der islamischen Kultur, Wissenschaft und Ausbildung" usw. geschaffen und sind aktiv tätig. Der Zweck dieser gesellschaftlichen Organisationen besteht in der Erforschung und dem Schutz der Kultur von nationalen Minoritäten, ihrer Sprache, Geschichte, Traditionen und Bräuche, in der Vertretung und dem Schutz der gesetzlichen Interessen von nationalen Gruppen in den Organen der staatlichen und kommunalen Macht sowie von Verbindungen mit Landsmännern im Ausland usw. Nationalkulturelle Autonomien unterliegen der staatlichen Registrierung.

---

3 Siehe *Putin,* Russland – die nationale Frage, in: Die Unabhängige, v. 23.01.2012.

4 *Baburin,* Die Welt der Imperien: Das Territorium des Staates und die Weltordnung, Moskau 2010, S. 378.

5 Bulletin des Kongresses der Volksdeputierten der Russischen Föderation und des Obersten Sowjets der Russischen Föderation, 1992, N 46, S. 16; Gesetzessammlung der RF, 2010, N 19, S. 2291.

6 Gesetzessammlung der RF, 1996, N 25, S. 2905; 2002, N 12, S. 1093; 2003, N 46, S. 4432; 2004, N 27, S. 2716; N 35, S. 3607; 2005, N 49, S. 5124; 2007, N 49, S. 6070; 2009, N 7, S. 779, 782.

3. Staatliche Integrität

Zu den Grundlagen der russischen Staatlichkeit gehört *die staatliche Integrität.* Dieses Prinzip beinhaltet die staatliche Souveränität und territoriale Einheit Russlands sowie die Oberhoheit der Verfassung und Gesetze Russlands.

Die Idee des Schutzes der Integrität Russlands durchdringt einen großen Teil der Verfassungen und Statuten der Subjekte der Föderation. Praktisch jedes Subjekt positioniert sich als organischer Bestandteil des unteilbaren Russlands.

Die Konzeption der staatlichen Integrität verneint die Teilbarkeit der Souveränität. Das *Verfassungsgericht der RF* schloss in Russland das Bestehen von zwei Ebenen der souveränen Mächte aus und erklärte, dass die föderale Verfassung einen anderen Träger der Souveränität außer dem multinationalen russischen Volk nicht anerkennt und folglich eine andere staatliche Souveränität außer der Souveränität der Föderation nicht vorsieht.[7]

Dagegen kann man nicht sagen, dass sich in der Verfassungsrechtswissenschaft bzgl. der Souveränität der föderalen staatlichen Macht ein einheitlicher Standpunkt herausgebildet hat. Eine Reihe von Wissenschaftlern unterstützt weiterhin die Theorie der Teilbarkeit der Souveränität.[8] Aber die Majorität der Rechtsgelehrten erkennt den nicht souveränen Charakter der Macht der Subjekte der Föderation an. *W. E. Tschirkin* geht noch weiter. Er nimmt an, dass nur eine staatliche Macht und zwar die föderale existiert und die Subjekte lediglich über die öffentliche nicht staatliche Macht mit einigen Elementen der Staatlichkeit verfügen.[9]

Die staatliche Integrität des Landes findet ihren Ausdruck in der Einheit des verfassungsrechtlichen Systems, in der Oberhoheit des föderalen Rechts und des Gesetzes zu den Gegenständen der ausschließlichen Kompetenz der Föderation und der gemeinsamen Kompetenz der Föderation und ihrer Subjekte, in der Einheit des verfassungsrechtlichen Status der Persönlichkeit, in den einheitlichen Prinzipien der Organisation und des Funktionierens der Organe der staatlichen und kommunalen Macht, in den einheitlichen Kredit-, Geld- und Zollsystemen, in der einheitlichen geistig-sittlichen, kulturellen und informellen Sphäre sowie in den einheitlichen Streitkräften der RF. Ohne Zustimmung des föderales Zentrums hat das Subjekt kein Recht, seinen eigenen juristischen Status zu ändern.

---

7 Siehe Gesetzessammlung der RF, 2000, N 25, S. 2728; N 29, S. 3117.

8 *Karapetjan,* Der Staat, die Konflikte und die Rechte der Völker, Moskau 2009, S. 15; *Gadschijev,* Die geteilte Souveränität, in: Föderalismus: Enzyklopädie, Moskau 2000, S. 532 - 533.

9 *Tschirkin,* Die Kontrolle der Macht, Moskau 2008, S. 32.

Wichtige Garantien der staatlichen Integrität sind:
- die Macht des Präsidenten;
- das Institut der föderalen Einmischung;
- die strafrechtliche Verantwortlichkeit für die Untergrabung der staatlichen Einheit.

4. Strukturmodell der RF

Für Russland ist die verfassungsmäßige *Verankerung einer neuen staatlichen Struktur* kennzeichnend. In Russland – d.h. in der verfassungsmäßig zentralisierten Föderation – liegt die Priorität bei der Bestimmung des juristischen Status der Subjekte bei dem föderalen Zentrum. Somit konstituieren die Subjekte nicht selbst ihre rechtliche Lage, sondern das multinationale Volk des einheitlichen unteilbaren Russlands in Gestalt des souveränen Staates.

Die Föderation bestimmt nicht nur den Status, sondern auch die Anzahl der Subjekte. Wenn die RSFSR Quasi-Föderation war, deren Subjekte – die autonomen Gebilde – nur 17 % des Territoriums des Landes einnahmen, dann ist das heutige Russland eine klassische asymmetrische verfassungsmäßige Föderation. Im sowjetischen Russland wurden als Subjekte der Föderation 16 autonome Republiken, 5 autonome Gebiete und 10 autonome Kreise anerkannt. Im heutigen Russland sind gem. Art. 65 der Verfassung 83 asymmetrische Subjekte anerkannt, und zwar:
- nicht souveräne Staaten (21 Republiken);
- 57 staatliche Gebilde (9 Kraje, 46 Gebiete, 2 Städte mit föderaler Bedeutung);
- 5 autonome Gebilde (1 autonomes Gebiet und 4 autonome Kreise).

Das Strukturmodell der RF wurde durch die Verfassung der RF von 1993 (Art. 65), den Föderativen Vertrag vom 31. März 1992 (korrigiert durch die geltende Verfassung) und die regionalen Verfassungen und Statuten festgelegt.

Wenn die föderale Verfassung die juristischen Parameter Russlands als souveränen Staat, seine Strukturzusammensetzung und den Mechanismus der Verwirklichung der öffentlichen Macht bestimmt und die Befugnisse zwischen dem föderalen Zentrum und den Subjekten begrenzt, festigt sie die Tatsache des Vorhandenseins von Subjekten im Bestand der Föderation, ihren verfassungsrechtlichen Status, die Priorität der staatlichen Souveränität Russlands, die Anerkennung der territorialen Gesamtheit, die Oberhoheit des föderalen Gesetzes, die Mechanismen der Realisierung der öffentlichen Macht in den Regionen und die ausschließliche Kompetenz der Subjekte.

Die Normen der regionalen grundlegenden Gesetze, die den verfassungsrechtlichen Status der Subjekte festlegen, sind in Bezug auf die Normen der föderalen Verfassung sekundär, reproduzieren ihren Inhalt und müssen dem Grundgesetz Russlands entsprechen.

Die Zusammenlegung der Subjekte der RF, die mit der Entstehung des Verfassungsgesetzes „Über die Ordnung der Aufnahme in die Russischen Föderation und die Bildung eines neuen Subjekts der Russischen Föderation" vom 17. Dezember 2001 (mit Änderungen)[10] verbunden war, hat mehrere neue Tendenzen des föderalen Aufbaus hervorgebracht:

- den geheimen Widerstand der Vereinigung von Subjekten von Seiten der nationalen herrschenden Eliten;
- die Anerkennung der Priorität der Einheit der wirtschaftlichen und administrativen Sphäre im Vergleich zum Schutz des nationalen Charakters der Staatlichkeit (z.B. die Vereinigung des Ust-Ordynskij Burjatskij autonomen Kreises mit dem Irkutsker Gebiet; des autonomen Kreises Agin-Burjatien mit dem Tschitaer Gebiet, aber nicht mit der Republik Burjatien).

Als organisatorische Voraussetzungen der Zusammenlegung der Regionen dienen:

- die Bildung von 8 föderalen Bezirken (Zentraler, Nord-Westlicher, Südlicher, Nordkaukasischer Bezirk, Privolshkij, Uralskij, Sibirien, Fernosten) mit dem Ziel der Stärkung der Machtvertikale;
- die Harmonisierung der föderalen und regionalen Gesetzgebung;
- die Schaffung eines einheitlichen wirtschaftlichen, soziokulturellen und informationellen Raums;
- die Realisierung der Gleichberechtigung in der Sphäre der finanziellen Beziehungen.

5. Prinzip der juristischen Gleichbehandlung der Subjekte

In der föderalen Verfassung und den regionalen Grundgesetzen wird erhebliche Beachtung dem Prinzip der *juristischen Gleichberechtigung der Subjekte der RF* geschenkt. Das kommt darin zum Ausdruck, dass jedes Subjekt das Recht hat:

- das grundlegende Satzungsdokument (Verfassung oder Statut), regionale Gesetze und untergesetzliche Normativakte zu verabschieden und zu novellieren;
- Änderungen zur Verfassung der RF zu billigen;
- in Übereinstimmung mit dem föderalen Zentrum den eigenen Status und die Grenzen zu ändern sowie die Vereinigung mit den anderen Subjekten der Föderation einzuleiten;
- die gesetzgebende (auch die verfassungsmäßige) Initiative in der Duma der Föderalen Versammlung Russlands wahrzunehmen;
- zwei Vertreter in den Föderationsrat der Föderalen Versammlung der RF und einen in den Staatsrat beim Präsidenten der RF zu entsenden;
- Verfahren beim *Verfassungsgericht der RF* einzuleiten;
- die eigene administrativ-territoriale Ordnung zu bestimmen;

---

10 Gesetzessammlung der RF, 2001, N 52, S. 4916; 2005, N 45, S. 4581.

- das System der regionalen Organe der Staatsmacht aufzustellen.

Die Gleichberechtigung der Subjekte der Föderation tritt nicht nur in dem gleichen Umfang der Rechte, sondern auch in der gleichen Verfassungsverantwortlichkeit in Erscheinung.

Die juristische Gleichberechtigung der Subjekte der Föderation kann nicht mit ihrer tatsächlichen Gleichheit identifiziert werden. Alle Subjekte der Föderation unterscheiden sich erheblich voneinander, nicht nur in der Größe der Territorien und der Anzahl der Bevölkerung, sondern auch in dem wirtschaftlichen Potenzial. Darum ist eine der Aufgaben der nationalen Strategie Russlands die Angleichung des sozial-wirtschaftlichen Niveaus der Regionen.

6. Territoriale Organisation der Macht in den Sujekten der RF

Jedes Subjekt der Föderation ist eine *besondere Form der territorialen Organisation der öffentlichen Macht.* Die Einheit des Systems der staatlichen Macht sieht vor:

- die Bildung der föderalen und regionalen staatlichen Organe auf der Basis der Anerkennung der Einheit und Gewaltenteilung im legislativen, exekutiven und judikativen Bereich;
- die Einhaltung einheitlicher Prinzipien der Organisation und der Koordination der Tätigkeit der Organe der staatlichen und kommunalen Macht;
- die Beteiligung des Präsidenten der RF an der Ernennung und Entlassung der Leiter der Exekutivorgane der Subjekte der Föderation;
- die Unterordnung (Subordination) im System der Exekutivorgane und der Organe der Gerichte und der Staatsanwaltschaften der Subjekte der Föderation;
- die juristische Verantwortlichkeit der staatlichen und kommunalen Angestellten für Verletzungen des Gesetzes;
- die Existenz des Instituts der föderalen Einmischung;
- die „Informatisierung" aller staatlichen Strukturen;
- die Verbreiterung der Öffentlichkeit und der gesellschaftlichen Kontrolle, der Kampf gegen die Korruption.

Eines der kompliziertesten Probleme Russlands als föderativer Staat ist die Abgrenzung der Kompetenzbereiche und der Befugnisse zwischen dem Zentrum und den Regionen. Seine Lösung ist vorgegeben durch die Verfassung der RF (Art. 5), die Verfassungen und Statuten der Subjekte der Föderation, aber auch durch das Föderale Gesetz „Über die allgemeinen Prinzipien der Organisation der legislativen und exekutiven Staatsorgane der Subjekte der Russischen Föderation" vom 6. Oktober 1999 Nr. 184-FZ (mit Änderungen).[11]

---

11 Gesetzessammlung der RF, 1999, N 42, S. 5005; 2003, N 27, S. 2709; 2005, N 1, S. 17, 25; 2006, N 1, S. 10; N 23, S. 2380; N 30, S. 3287; N 31, S. 3452; N 44, S. 4537; N 50, S. 5279; 2007, N 1, S. 21; N 13, S. 1464; N 21, S. 2455; N 30, S. 3747, 3805, 3808; N 43, S.

Leider weist das Verfassungsmodell zur Festigung der Kompetenzbereiche der Föderation und ihrer Subjekte sowie der ausschließlichen Kompetenzbereiche der Subjekte im modernen Russland eine Schlagseite in Richtung der Erweiterung der Rechte des föderalen Zentrums auf, was die Voraussetzungen für die Wiedergeburt der Praxis des „unitarischen Föderalismus" schafft. Diese zentralistische Tendenz zerstört die Balance von Zentralisation und Dezentralisation der Macht, der optimalen Formen der Zusammenarbeit und der gegenseitigen Verantwortlichkeit zwischen der Föderation, ihren Subjekten und Kommunen und verengt die Sphäre der Selbstständigkeit der Regionen.

Die Übergabe eines Teils der staatlichen Befugnisse von der oberen Ebene der Macht auf die regionale und kommunale Ebene ist der Vektor der Entwicklung des russischen Staates.

7. Entwicklung der Zivilgesellschaft

Die Zivilgesellschaft kann sich nur unter den Bedingungen des zwischennationalen und interkonfessionellen Einvernehmens normal entwickeln. Die Internationalisierung der gesellschaftlichen Prozesse und die ständigen Migrationströme verstärken die Tendenz zur Mischung der Völker, schließen die Möglichkeit der Entstehung von mononationalen Staaten oder staatlichen Gebilden aus und machen den Zustand des *Multikulturalismus* unvermeidbar. Aber wenn der Multikulturalismus für Westeuropa als negative Erscheinung wahrgenommen wird, der durch die Prozesse der Globalisierung und die unlenkbare wirtschaftliche Migration hervorgerufen wird, dann ist das für Russland ein natürlicher und unveräußerlicher Zustand, das Ergebnis seiner tausendjährigen Geschichte. Natürlich bringt die moderne Etappe der Entwicklung des Landes die neuen nationalethnischen und interkonfessionellen Probleme als Folge der Auflösung der UdSSR, der sozialen Schichtung und des Versagens bei der Lösung der wirtschaftlichen und humanitären Probleme sowie der unkontrollierbaren externen und internen Migration (internationaler Migration und der Binnenmigration) hervor.

Der gegenwärtige Staat kann sich zu den extremistischen Bewegungen und zur Aufhetzung zu Völkerfeindschaft nicht gleichgültig verhalten. Ein starker demokratischer Staat soll den zwischennationalen und interkonfessionellen Frieden erhalten und schützen sowie den interkulturellen Dialog initiieren.

5084; N 46, S. 5553; 2008, N 29, S. 3418; N 30, S. 3613, 3616; N 48, S. 5516; N 52, S. 6236; 2010, N 15, S. 1736; N 31, S. 4160; N 41, S. 5190; N 46, S. 5918; N 47, S. 6030, 6031; N 49, S. 6409; N 52, S. 6984; 2011, N 17, S. 2310; N 27, S. 3881; N 29, S. 4283; N 30, S. 4572, 4590, 4594; N 49 (Teil I), S. 7039, 7042; Russische Zeitung (Rossijskaja gaseta) v. 14.12.2011.

Der Staat gewährleistet den Bürgern rechtlichen Schutz vor allen Erscheinungen der ethnischen Diskriminierung. Aufhetzung zu rassischer, nationaler, religiöser Feindschaft und Hass, Aufrufe zu Gewalt, Beleidigung in der nationalen Würde, ethnischer Separatismus und Extremismus werden gesetzlich verfolgt.

II. Fazit

Russland braucht eine neue langfristige nationale Strategie, die die ethnopolitische Situation und die grundlegenden Tendenzen der Entwicklung der nationalen Beziehungen, die Verfahren der Lösung der zwischennationalen Konflikte, die informationelle, analytische und wissenschaftliche Sicherung der staatlichen nationalen Strategie, den Mechanismus ihrer Verwirklichung und die internationale Zusammenarbeit der RF in der Sphäre der Gewährleistung der Rechte der nationalen Minderheiten widerspiegelt.

Als Elemente der nationalen Strategie Russlands können charakterisiert werden:

- die Wiedergeburt der nationalen Selbstachtung und der Würde der Russen, die Entwicklung des intellektuellen Potenzials der Nation;
- die Entwicklung des patriotischen bürgerlichen Bewusstseins durch die Bildungseinrichtungen, Kino, Fernsehen und Internet;
- die Wechselwirkung der staatlichen Organe und der Institutionen der Zivilgesellschaft in der Sphäre der Erziehung zu interethnischer Toleranz;
- die Entwicklung der russischen Sprache und der russischen Kultur beim Schutz und bei der Entwicklung der sprachlichen und kulturellen Selbstständigkeit der kleinen Völker Russlands;
- die Beibehaltung der Politik des Multikulturalismus;
- die Wechselwirkung des Staates und der religiösen Organisationen bei der Gewährleistung des interkonfessionellen Friedens, der ethno-konfessionellen und ethno-sozialen Toleranz;
- der Kampf gegen den ethnischen Nationalismus, den Extremismus, die Ausländerfeindlichkeit, den radikalen Ultranationalismus sowohl der großen als auch der kleinen Nationen;
- eine regulierbare Migrationspolitik, die Heranführung der Umsiedler an die große russische Kultur;
- komplexe Programme zur sozialwirtschaftlichen Unterstützung der kleinen Völker;
- der Kampf gegen Armut und soziale Differenzierung.

Als Bedingungen zur Lösung der inneren Probleme, darunter die Stärkung der nationalen Einheit, treten der starke souveräne Staat, die wettbewerbsfähige Wirtschaft, der Wohlstand des Volkes, die Aktivierung der Institutionen der Zivilgesellschaft, die Erhöhung der allgemeinen Kultur, der Geistigkeit und des Rechtsbewusstseins des Volks auf.

Nicht nur die nationalen Minderheiten, sondern auch das staatsbildende Volk, die Russen, brauchen den Schutz des Staates. Das Leitmotiv der nationalen Strategie Russlands muss der Gedanke sein, dass der verbindende Kern im Land die große russische Geschichte und Kultur sowie das russische Volk sind.

Die komplexe Lösung all dieser Probleme ist die Gewähr für die Stärkung der RF.

Rechtsstaatlichkeit in Deutschland

*Carola Schulze**

Im vorliegenden Beitrag wird der Rechtsstaat zunächst als politischer und juristischer Begriff betrachtet. In einem weiteren Abschnitt wird die Rechtsstaatlichkeit des Grundgesetzes als Verfassungsprinzip dargestellt, aus dem rechtsstaatliche Standards abgeleitet werden. Schließlich werden aktuelle Probleme der Entwicklung des bundesdeutschen Rechtsstaates diskutiert, insbesondere die an rechtsstaatlichen Formen und Verfahren gemessene Vergangenheitsbewältigung, der Rechtsschutz gegen überlange Gerichtsverfahren und die Rolle des *BVerfG* im Rahmen der Rechtsstaatlichkeit.

I. Rechtsstaat als politischer Begriff

Der Rechtsstaat ist in Deutschland als polemisch-politischer Begriff im Kampf gegen Polizeistaat und Absolutismus an der Schwelle vom 18. zum 19. Jh. aufgekommen.

Mit der Verbindung von Recht und Staat *„bringt Rechtsstaat den Weg vom aufgeklärten Absolutismus zu einer sich selbst regierenden Gesellschaft unter Rechtsgesetzen auf seinen spezifisch deutschen Begriff"*[1].

Obwohl der Rechtsstaat eine spezifisch deutsche Wortprägung und ein deutscher Sonderweg ist, wurden in seinen Begriff Anliegen des Staatsdenkens aufgenommen, die zum Bestandteil der europäischen Rechtskultur gehören.[2] Es kann somit davon ausgegangen werden, dass das rechtsstaatliche Ideengut im europäischen Rechtskreis wurzelt. Aber während dem englischen *rule of law* oder dem französischen *règne de la loi* eine für das politische System begründende Funktion zukam, ist der deutsche Rechtsstaat ein staatsgewaltbegrenzendes Prinzip. Es geht um die Frage danach, *„was das Lebenselexier des Staates*

---

* *Prof. Dr. iur. Carola Schulze* ist Inhaberin des Lehrstuhls für Rechtsgeschichte, Rechtsphilosophie i.V.m. Öffentlichem Recht an der Juristischen Fakultät der Universität Potsdam.

1 *Frankenberg*, Staatstechnik. Perspektiven auf Rechtsstaat und Ausnahmezustand, 2010, S. 81.

2 Vgl. *Imboden* (Hrsg.), Gedanke und Gestalt des demokratischen Rechtsstaates, 1965; *von Unruh*, Besinnung auf den Rechtsstaat, in: DÖV 1974, S. 508; *Denninger*, Rechtsstaat, in: Axel Görlitz (Hrsg.), Handlexikon der Rechtswissenschaft, 1972, S. 344 - 349.

(darstellt): Macht oder Recht“[3]. Dennoch war auch der deutsche Rechtsstaatsbegriff ein politischer Kampfbegriff, weil er die Machtansprüche und -befugnisse absolutistischer Herrschaft, in der das Ausnahmerecht und die staatliche Willkür die Regel waren, dadurch zu bändigen versuchte, dass der Staat ins Recht gestellt und durch Recht legitimiert wird.

II. Rechtsstaatlichkeit als juristischer Begriff und Verfassungsgrundsatz

Rechtsstaatlichkeit als juristischer Begriff gehört zu den elementaren Verfassungsgrundsätzen, die dem Gesamtleben innerhalb des Staates Inhalt, Maß und Form geben und die staatlichen Organe unmittelbar binden.[4]

In Deutschland waren es besonders der Frühkonstitutionalismus und der Liberalismus, die der Rechtsstaatlichkeit juristische Konturen gaben.[5] *R. von Mohl* ist derjenige, der den Rechtsbegriff in die Staatsrechtswissenschaft eingeführt[6] und dem patriarchalischen Staat gegenüber gestellt hat. Für *von Mohl* ist der Rechtsstaat der Staat der Vernunft, für den die zentrale Aufgabe in der Begrenzung der Staatsaufgaben bestand.

Erst *F.-J. Stahl* hat mit dem Begriff des Rechtsstaates nicht nur Ziel und Inhalt der staatlichen Betätigung, sondern Art und Charakter des Staates, dieselben zu verwirklichen, bestimmt.[7] Für *Stahl* soll der Staat Rechtsstaat sein, das ist die Losung und ist auch in Wahrheit der Entwicklungstrieb der neueren Zeit. *„Er soll die Bahnen und Grenzen seiner Wirksamkeit wie die freie Sphäre seiner Bürger in der Weise des Rechts genau bestimmen und unverbrüchlich sichern, und soll die sittlichen Ideen von Staats wegen, also direkt, nicht weiter verwirklichen (erzwingen), als es der Rechtsphäre angehört.“*[8]

Während im 19. Jh. der Rechtsstaat vor allem eine formale Prägung erhielt und die Postulate der Gewaltenteilung, der gesetzmäßigen Verwaltung und der Verwaltungsgerichtsbarkeit umfasste sowie im Prinzip der Legalität gipfelte,[9]

---

3 *Stern*, Das Staatsrecht der Bundesrepublik Deutschland, Bd. I: Grundbegriffe und Grundlagen des Staatsrechts, Strukturprinzipien der Verfassung, 1977, S. 603.

4 *Katz*, Staatsrecht: Grundkurs im Öffentlichen Recht, 2010, S. 88.

5 *Schulze*, Frühkonstitutionalismus in Deutschland, 2004, S. 18.

6 *Von Mohl*, Die Polizei-Wissenschaft nach den Grundsätzen des Rechtsstaates, Bd. 1, 1832, S. 6 ff.

7 *Thoma*, Rechtsstaatsidee und Verwaltungswissenschaft, in: JöR, Bd. 4 (1910), S. 198.

8 *Thoma* (Anm. 7), S. 198.

9 *Huber*, Rechtstheorie, Verfassungsrecht, Völkerrecht, 1971, S. 36.

wurde nach den Erfahrungen des nationalsozialistischen Unrechtsstaates in Deutschland Rechtsstaatlichkeit im 20. Jh. auch material verstanden.

Die im Grundgesetz normierte Rechtsstaatlichkeit enthält somit sowohl Elemente des formellen als auch des materiellen Rechtsstaatsverständnisses. D.h. in der Rechtsstaatlichkeit vereinen sich staatsbegrenzende und freiheitssichernde Elemente. Während unter dem formellen Rechtsstaat die verfahrensmäßigen und organisatorischen Vorkehrungen zur Disziplinierung der Staatsgewalt verstanden werden, wird dem materiellen Rechtsstaatsverständnis die Bindung hoheitlichen Handelns an bestimmte inhaltliche Vorgaben (Verfassung, Grundrechte, Gerechtigkeit) zugeordnet. So gesehen bedeutet die Rechtsstaatlichkeit des Grundgesetzes Ausübung der Staatsmacht auf der Grundlage verfassungsmäßig erlassener Gesetze mit dem Ziel der Gewährleistung von Menschenwürde, Freiheit, Gerechtigkeit und Rechtssicherheit.[10] I.d.S. kann Rechtsstaatlichkeit abstrakt als eine *„staatsgewährleistete Friedensordnung durch Recht“*[11] gedeutet werden.

III. Rechtsstaatlichkeit des Grundgesetzes

Die Rechtsstaatlichkeit des Grundgesetzes ist ein Strukturprinzip, aus dem Einzelausprägungen in Form von Kernelementen (rechtsstaatlichen Standards) entwickelt worden sind, die ebenfalls Prinzipiencharakter tragen. Als Verfassungsprinzip teilt der Rechtsstaat die Unbestimmtheit des Grundsätzlichen.[12]

Demzufolge regelt das Grundgesetz in Art. 28 I 1 und Art. 20 I und III GG nur den Typus der Rechtsstaatlichkeit und bestimmt die wesentlichen Elemente des Rechtsstaates, überlässt aber die Ausgestaltung des Rechtsstaates im Einzelnen – bei Wahrung seiner fundamentalen Standards – und des Rechtsstaates als Ganzes dem Gesetzgeber und der verbindlichen Konkretisierung durch das *BVerfG*. Das Wort Rechtsstaat selbst wird nur in Art. 28 I 1 GG verwendet. Gem. Art. 79 III GG (Ewigkeitsgarantie) sind das Rechtsstaatsprinzip als solches und auch seine grundlegenden Einzelausprägungen änderungsfest. Das belässt der Gesetzgebung den Raum, Einzelfragen der Rechtsstaatlichkeit zu ändern (Entschädigungssystem; einzelne Rechtsschutzstandards u.a.m.).

---

10 *Stern* (Anm. 3), S. 381.

11 *Hesse*, Grundzüge des Verfassungsrechts der Bundesrepublik Deutschland, 1993, Rn. 186.

12 *Frankenberg* (Anm. 1), S. 71.

IV. Rechtsstaatliche Standards

Als rechtsstaatliche Standards (Rechtsstaatselemente), die das Rechtsstaatsprinzip in seinen wesentlichen Komponenten umschreiben und über die weitgehend Einigkeit besteht, können benannt werden:[13]

- die *Verfassungsstaatlichkeit*, die die Existenz einer Verfassung als normative Grundordnung für die Ausübung der Staatsgewalt verlangt, den Vorrang der Verfassung in Art. 20 III GG unterstreicht und den Art. 1 III GG für die Grundrechte noch einmal spezifiziert.[14] Damit wird eine Lücke der älteren Rechtsstaatstradition geschlossen und die Verfassung rechtssystematisch in das staatliche Normengefüge eingeschlossen.[15]
- das *Gewaltenteilungsprinzip* (Funktionengliederung) als tragendes Funktions-, Struktur- und Organisationsprinzip (vgl. Art. 20 II 2 und 1 III GG). Der Grundsatz der Gewaltenteilung ist das Kernstück einer rechtsstaatlichen Verfassung. Die wechselseitige Kontrolle, Hemmung und Mäßigung der Gewalten sollen die staatliche Machtausübung begrenzen und die Freiheit des Einzelnen sichern. Gleichzeitig soll garantiert werden, dass durch Aufteilung der Kompetenzen die staatlichen Aufgaben durch die am besten geeigneten Organe wahrgenommen werden.[16]
- der *Grundsatz der Gesetzmäßigkeit* (Rechtsgebundenheit) *allen staatlichen Handelns*, insbesondere der Verwaltung (vgl. Art. 20 III GG). Er gehört zu den tragenden Elementen der rechtsstaatlichen Ordnung des Grundgesetzes, bestimmt das Verhältnis von Gesetzgebung und Verwaltung und konkretisiert sich im Vorrang des Gesetzes und dem Vorbehalt des Gesetzes.
- die *Gewährleistung individueller Grundrechte* als elementare materielle Komponente der Rechtsstaatlichkeit (vgl. Art. 1 III, 79 III GG). Der Grundrechtsteil des Grundgesetzes ist ein unabdingbares, unaufgebbares, zur Verfassungsstruktur gehörendes Wesensmerkmal der Verfassungsordnung der Bundesrepublik Deutschland. Die in ihm enthaltenen Grundrechtsnormen bilden die verfassungsrechtlichen Fundamentalrechte des Einzelnen: Sie gewährleisten dem Einzelnen eine gesicherte Freiheitssphäre und begrenzen das staatliche Handeln.[17]
- *wirksamer Rechtsschutz durch unabhängige Gerichte*, einschließlich *Garantie von Justizgrundrechten* (vgl. Art. 19 IV, 20 II, 92 ff. und 101 ff. GG). Der

---

13 Vgl. *Stern* (Anm. 3), S. 602 ff.; auch *Katz* (Anm. 4), S. 89.

14 *Schmidt-Aßmann*, Der Rechtsstaat, in: HStR I, 1987, S. 1002.

15 *Badura*, Verfassung und Verfassungsgesetz, in: FS für U. Scheuner, 1973, S. 19 ff.

16 *Voßkuhle/Kaufhold*, Das Rechtsstaatsprinzip, in: JuS 2010, S. 177.

17 *Katz* (Anm. 4), S. 280.

staatlichen Pflicht zur Justizgewährung entspricht das Recht des einzelnen Bürgers auf effektiven Rechtsschutz.

- der *Grundsatz der Verhältnismäßigkeit* (Übermaßverbot) zur Verwirklichung der materialen Gerechtigkeit im Einzelfall. Er bestimmt, welche Maßnahmen der Staat zur Erreichung eines legitimen Zwecks ergreifen darf. Zulässig sind nur solche hoheitlichen Maßnahmen, die nicht über das zur Erreichung eines bestimmten Ziels geeignete und erforderliche Maß hinaus unangemessen in Rechtspositionen des Bürgers eingreifen.[18]
- die *Gebote der Rechtssicherheit und des Vertrauensschutzes* einschließlich des Rückwirkungsverbots. Die Rechtssicherheit umfasst die Elemente der Rechtsstaatlichkeit, die mit der Verlässlichkeit des Rechts zu tun haben. Hierher gehören neben der Rechtsklarheit auch die Bestimmtheit und Beständigkeit staatlicher Entscheidungen.[19] Für den Bürger bedeutet Rechtssicherheit in erster Linie Vertrauensschutz. D.h. der Bürger soll sich grundsätzlich bei seiner persönlichen Lebensgestaltung und seinen wirtschaftlichen Dispositionen auf die geltende Rechtsordnung verlassen, auf sie vertrauen können. Er soll belastende Eingriffe voraussehen und sich rechtzeitig darauf einlassen können.[20]
- das *Entschädigungssystem.* Es ist das System der Verantwortlichkeit der staatlichen Organe – und im Falle eines Fehlverhaltens – ihre Haftung sowie die Entschädigung des Bürgers für Schadenszufügung oder Rechtsbeeinträchtigung.

V. Probleme bei der Entwicklung des bundesdeutschen Rechtsstaates

In der Bundesrepublik Deutschland hat der Rechtsstaat nicht nur seine rechtliche Ausgestaltung, sondern auch seine umfassende Verwirklichung gefunden. Hinzu kommt, dass die positiven Züge der deutschen Rechtsstaatlichkeit in der Wahrnehmung der meisten Bürger deutlich überwiegen. Gleichzeitig hat sich die deutsche Rechtsstaatlichkeit in der Zeit des Zusammenbruchs der osteuropäischen Staaten und ihrer Entwicklung zu demokratischen Staaten als wahrer „Exportschlager" erwiesen. Dennoch werden in der über sechzigjährigen Geschichte der Bundesrepublik immer wieder – fast periodisch – Zweifel an der Rechtsstaatlichkeit geäußert, die die Gefährdung und die Krise der Rechtsstaatlichkeit beschwören.

---

18 *Voßkuhle/Kaufhold* (Anm. 16), S. 118.

19 *Sachs*, in: *ders.*, GG, 6. Aufl. 2011, Art. 20 Rn. 122.

20 *Katz* (Anm. 4), S. 103.

So beklagten erst Ende August 2011 zwei bekannte Hochschullehrer der Rechtswissenschaft, *Rüthers* und *Höpfner*, in der Frankfurter Allgemeinen Zeitung den *„Abschied vom Rechtsstaat"* und kritisierten, dass sich weder die Rechtsprechung noch die Exekutive strikt an Recht und Gesetz gebunden fühlen.[21]

Gerade im Zusammenhang mit dem deutschen Einigungsprozess werden bis heute diese Zweifel am Rechtsstaat deutlich gemacht, die die Rechtsstaatlichkeit grundsätzlich in Frage stellen. Dabei geht es nicht um Einzelfälle gesetzgeberischer Maßstabsverletzungen oder exekutiver Übergriffe[22], sondern um Fehlentwicklungen in den staatlichen Gewalten und auch oft um überzogene Erwartungshaltungen in Bezug auf den Rechtsstaat bei den Bürgern. Sie betreffen folgende Probleme der Entwicklung der Rechtsstaatlichkeit:

- die bürokratischen Auswüchse des instanzenreichen Rechtswegestaates,
- den Vertrauensschutz und die Rückwirkung von Gesetzen,
- den Anspruch der Bürger auf Entschädigung als Ausfluss der Rechtsstaatlichkeit,
- die Verletzung des Rechts auf ein zügiges und faires Gerichtsverfahren.

1. Die an rechtsstaatlichen Formen und Verfahren gemessene Vergangenheitsbewältigung

Die Wiedervereinigung Deutschlands hat nicht nur den Geltungsbereich des Rechtsstaates des Grundgesetzes ausgeweitet, sondern ihm auch seine schwierigste Bewährungsprobe auferlegt.[23]

Eines der kompliziertesten Probleme, dem sich der Rechtsstaat des Grundgesetzes stellen musste, war die an rechtsstaatliche Formen und Verfahren gebundene, aber auch gemessene Vergangenheitsbewältigung.[24] Dieser Frage kann sich ein Rechtsstaat, der mit den Hinterlassenschaften eines „Unrechtsstaates" konfrontiert wird, nicht entziehen.

In der deutschen Geschichte des 20. Jh. hat sich diese Frage gleich zweimal unausweichlich gestellt: nach dem Zusammenbruch des „Dritten Reichs" 1945 und nach dem Ende der DDR und dem dadurch vertraglich vereinbarten Beitritt der DDR zur Bundesrepublik.

---

21 *Rüthers/Höpfner*, Abschied vom Rechtsstaat, in: FAZ v. 26.08.2011, Nr. 198, S. 9.

22 *Schmidt-Aßmann* (Anm. 14), S. 1040 f.

23 *Isensee*, Rechtsstaat – Vorgabe und Aufgabe der Einigung Deutschlands, in: HStR IX, 1997, S. 5.

24 *Dreier*, Verfassungsstaatliche Vergangenheitsbewältigung, in: Badura/Dreier (Hrsg), FS 50 Jahre Bundesverfassungsgericht, Bd. 1, Verfassungsgerichtsbarkeit, Verfassungsprozess, 2001, S. 160.

Dabei schälen sich – bei allen Differenzierungen und Unterschieden – für die sachliche Strukturierung juristischer Vergangenheitsbewältigung *drei Problemkomplexe*[25] heraus, bei deren Lösung man zwar *„bis an die Grenzen des Rechtsstaates"*[26], aber nicht darüber hinaus gehen durfte und darf:

- Wiedergutmachung des den Opfern zugefügten Unrechts (Entschädigungszahlungen für Eigentumsschäden; Ausgleichsleistungen für berufliche Benachteiligungen; Rehabilitierung strafrechtlich Verurteilter),[27]
- Fortführung (Kontinuität) oder Beendigung der Rechtsverhältnisse (Diskontinuität) des staatlichen Personals (Abwicklung und Überleitung der staatlichen Bediensteten; Evaluierung und Abwicklung staatlicher und wissenschaftlicher Einrichtungen),[28]
- strafrechtliche Würdigung des Handelns der Täter (z.B. Rechtsbeugungsfälle von Richtern; Mauerschützenprozesse).[29]

Die Konzentration der juristischen Vergangenheitsbewältigung auf diese 3 Problemkomplexe zeigt ganz klar, dass eine sog. Totalrevision unmöglich ist, d.h. nicht alle vor-rechtsstaatlichen rechtsrelevanten Vorgänge am rechtsstaatlichen Maßstab des Grundgesetzes gemessen werden können.[30]

Deutlich werden in diesen Prozessen zudem eine Reihe von erheblichen Fehlentscheidungen, so insbesondere der Grundsatz Rückgabe vor Entschädigung gem. Art. 41 EinigungsV.

Aber auch, dass sich die Vergangenheitsbewältigung bis zur Gegenwart vornehmlich gegen das System der Staatssicherheit der DDR richtet und sich darin vielfach erschöpft, wie die erneute Debatte um die Stasiüberprüfung im Land Brandenburg zeigt, offenbart eine offene Flanke des Rechtsstaates und verdeutlicht, dass die Aufarbeitung des SED-Unrechts nicht auf *ein* Symptom des Unrechtsstaates begrenzt werden kann. Hinzu kommt, dass auch in Brandenburg Vertrauensschutz, Einzelfallprüfung und „das Prinzip der zweiten Chance" gelten sollen und es keine Generalverdächtigung der Richterinnen und Richter im Lande oder auch nur der konkret Betroffenen[31] mit Stasivergangenheit geben darf.

---

25 *Dreier* (Anm. 24), S. 164 ff.

26 *Von Arnaud/ Staack*, Sicherheit versus Freiheit?, in: *dies.*, Sicherheit versus Freiheit; 2009, S. 22.

27 *Dreier* (Anm. 24), S. 186 ff.

28 *Dreier* (Anm. 24), S. 170 ff.

29 *Dreier* (Anm. 24), S. 201 ff.

30 *Papier*, Vergangenheitsbewältigung: Abwicklung, Ahndung, Entschädigung, in: HStR IX, 1997, S. 590.

31 Es soll sich dabei nach Presseberichten um 13 Betroffene handeln.

Schließlich zeigt die im Vergleich zur Entschädigung von Enteignungen unterschätzte berufliche, verwaltungsrechtliche und strafrechtliche Rehabilitierung aufgrund politischer Verfolgung deutlich, dass das Recht hier an seine Grenzen stößt, weil es statt in diesem Bereich zum Rechtsfrieden beizutragen, mehr Frust als ausgleichende Gerechtigkeit bringt.

Nicht zuletzt aber hat die Bejahung der Strafbarkeit der Mauerschützen durch das *BVerfG*[32] verdeutlicht, dass diese letztlich durch eine schwere Deformation des Rückwirkungsverbots erkauft wurde.[33] Das aber spricht klar für die Grenzen der Vergangenheitsbewältigung mit strafrechtlichen Mitteln.

Die Verrechtlichung und die Bindung des Staatshandelns an Verfahrensregelungen haben den Rechtsstaat in den neuen Bundesländern teilweise als distanziert-bürokratisch und sozial kalt erscheinen lassen[34] und die materiale Gerechtigkeit in den Augen der Betrachter der Rechtsstaatlichkeit entgegen gesetzt. Die Bürgerrechtlerin *B. Bohley* hat diese Enttäuschung über den Rechtsstaat mit den Worten zum Ausdruck gebracht: *„Wir haben Gerechtigkeit gewollt und haben den Rechtsstaat bekommen"*[35]. Das verdeutlicht, dass die Verstärkung der Akzeptanz für den Rechtsstaat bei den Menschen in den neuen Bundesländern eine der Hauptaufgaben der Zukunft bleibt.

2. Rechtsschutz gegen überlange Gerichtsverfahren

Ein weiteres aktuelles Problem der Effektivierung der Rechtsstaatlichkeit ist der Rechtsschutz gegen überlange Gerichtsverfahren.[36] In Deutschland werden seit längerem immer wieder Fälle unangemessener Dauer von Gerichtsverfahren von Seiten der Rechtsschutzsuchenden und der Beschuldigten beklagt.[37] Der *EGMR* hat von 1978 bis 2009 in 54 der insgesamt gegenüber Deutschland ergangenen 99 Urteile strukturelle Defizite im Hinblick auf eine unangemessene Verfah-

---

32 *BVerfG*, Beschl. v. 24.10.1996 – 2 BvR 1851/94 , u.a. (Mauerschützen) – E 95, 96 ff.

33 *Dreier* (Anm. 24), S. 207.

34 *Isensee* (Anm. 23), S. 24.

35 Zu dieser Sentenz von Bärbel Bohley *Isensee*, Der deutsche Rechtsstaat vor seinem unrechtsstaatlichem Erbe, in: *ders.* (Hrsg.), Vergangenheitsbewältigung durch Recht, 1992, S. 91 (101 ff.).

36 *Kirschniok-Schmidt*, Aufbau und Organisation der Gerichtsbarkeit im Land Brandenburg – unter besonderer Berücksichtigung der öffentlichen Gerichtsbarkeit, in: C. Schulze (Hrsg.), Aktuelle Probleme des Öffentlichen Rechts in Deutschland und Russland, 2011, S. 117 ff.

37 *Römer*, Rechtsschutz gegen überlange Gerichtsverfahren in Deutschland, MRM H. 1/2011, S. 74 ff.

rensdauer festgestellt.[38] Das resultiert daraus, dass es bis zum heutigen Zeitpunkt[39] außer der Möglichkeit, eine Verletzung des Anspruchs auf ein faires Verfahren vor den Verfassungsgerichten zu rügen, kein gesetzlich geregeltes Rechtsmittel gibt, um wirksam gegen die lange Verfahrensdauer vorzugehen.[40]

Allerdings hat die Bundesregierung im Jahr 2010 einen Gesetzesentwurf über den Rechtsschutz bei überlangen Gerichts- und strafrechtlichen Ermittlungsverfahren[41] vorgelegt, der wegen unangemessener Dauer eines gerichtlichen Verfahrens eine Entschädigung für den Bürger vorsieht, wenn dieser dadurch einen Nachteil erleidet und zuvor eine Verzögerungsrüge erhebt. Die Entschädigung soll 100 € für jeden Monat der Verzögerung betragen. Mit dieser Regelung würde Deutschland nach Auffassung der Experten Anschluss an den europäischen Standard finden.[42]

Eine bessere Lösung, als dem Problem unangemessener Verfahrensdauer allein auf sekundärrechtlicher Ebene zu begegnen, wäre m.E. allerdings die Kombination von Vorbeugung im Wege des Primärrechtsschutzes durch Regelung einer Untätigkeitsbeschwerde mit dem Staatshaftungsanspruch sui generis im Wege des Sekundärrechtsschutzes.

3. Rolle des Bundesverfassungsgerichts im Rahmen des Rechtsstaates

Die Privilegierung des Rechtsstaates gegenüber der Politik[43] ist das dritte aktuelle Problem der Entwicklung der Rechtsstaatlichkeit in Deutschland, auf das im Rahmen des Vortrages hingewiesen werden soll. Diese Tendenz in der Entwicklung des Rechtsstaates führt in immer stärkerem Maße dazu, dass politische Grundsatzfragen (z.B. Euro-Rettung; Hartz IV-Sätze für Kinder; Entfernungspauschale) durch das *BVerfG* entschieden werden.[44] Das hat die Konsequenz, dass das Parlament und die Regierung zunehmend entmachtet werden, der

---

38 *EGMR*, Rumpf ./. Deutschland, Urt. v. 02.09.2010 – 46344/06 – NJW 2010, S. 3355; vgl. auch die Statistik des Europäischen Gerichtshofes für Menschenrechte (Hrsg.), Violation by Article and bei Country 1959 - 2009.

39 11.10.2011.

40 *Römer* (Anm. 37), S. 82.

41 Gesetzentwurf der Bundesregierung über den Rechtsschutz bei überlangen Gerichtsverfahren und strafrechtlichen Ermittlungsverfahren vom 10.08.2010, BT-Drs. 17/3802 v. 17.11.2010.

42 Inzwischen wurde das Gesetz am 24.11.2011 ausgefertigt und ist am 03.12.2011 in Kraft getreten, BGBl. I, S. 2302.

43 *Lepsius*, Niemand traut sich an heikle Zukunftsfragen (Interview), in: PNN v. 13.08.2011, S. 25.

44 *Lepsius* (Anm. 43), S. 25.

Handlungsspielraum der Politik verengt wird und eigentlich politische Entscheidungen zu justiziablen Fragen gemacht werden

Praktisch führt eine solche Verfassungsrechtsprechung zum einen immer mehr zu einer Einengung gegenwärtiger und künftiger Gestaltungsspielräume der Politik und fördert die Entpolitisierung von Entscheidungen. Zum anderen ist das *BVerfG* gezwungen, vielfach als Gesetzgeber zu agieren und immer weniger konkrete Fälle zu entscheiden. Der einzelne Fall wird dazu benutzt, um einen allgemeinen verfassungsrechtlichen Rahmen vorzugeben.[45] Dabei soll das *BVerfG* nach allgemeiner Auffassung nicht einmal in besonderen Situationen zum *„politischen Nothelfer"* gemacht werden.[46]

Im Ergebnis wird der Grundsatz des *judical self-restraint*, das Verbot, durch Verfassungsrechtsprechung Politik zu betreiben[47] und in den von der Verfassung geschaffenen Raum freier politischer Gestaltung einzugreifen,[48] den das Grundgesetz dem *BVerfG* funktionell vorgibt, verletzt.

---

45 *Lepsius* (Anm. 43), S. 25.

46 *Pieroth*, in: Jarass/Pieroth, GG, 11. Aufl. 2010, Art. 93 Rn. 3.

47 *BVerfG*, Urt. v. 31.07.1973 – 2 BvF 1/73 (Grundlagenvertrag) – E 36, 1 (14).

48 *Hömig*, in: Hömig, GG, 9. Aufl. 2010, Art. 93, Rn. 3; *BVerfG* (Anm. 47), E 36, 1 (14).

Der Rechtsstaat in Russland

*Vladimir Fadeev**

Die Verfassung der RF von 1993 definiert die RF als Rechtsstaat. Das bedeutet jedoch nicht, dass Russland schon in vollem Maße ein solcher Staat ist. *„Die Verfassung verkündigt normativ nicht den tatsächlichen, sondern den gewollten Zustand des Staates. Die Verfassung ist keine Widerspiegelung der Wirklichkeit, sondern ein Vorbild dafür."*[1] Aber das Vorbild muss die tatsächlichen Umstände mitbestimmen und erfüllen, sich an den Kräften der Gesellschaft orientieren, die die Stütze des Staates darstellen und imstande sind, das Verfassungsideal des Staates zu verwirklichen.

Die konstitutionelle Verkündung der RF als Rechtsstaat bedeutet, dass das ganze staatliche und gesellschaftliche Leben aufgrund von fundamentalen Rechtsprinzipien begründet werden muss, die die Rechtsordnung in der Gesellschaft prägen, deren Kernpunkt die Verfassung darstellt. Diese Rechtsprinzipien bestimmen auch die rationale und wirkungsvolle Verteilung der staatlichen Funktionen und Befugnisse zwischen den Organen der Staatsmacht, ihre Gebundenheit an das Recht mit dem Ziel der Freiheitsgewähr und des Rechtsschutzes des Individuums gegen die Willkür der Staatsmacht.

I. Die philosophischen Grundlagen und die historische Entwicklung des Rechtstaates

Der Begriff des Rechtsstaates entstand im Laufe der historischen Entwicklung; er entwickelte sich an der Wende des 18. und 19. Jh. als Programm der Beschränkung und der Kontrolle des Staates, der Sicherung der bürgerlichen Freiheit und der Gewaltenteilung. Der Terminus „Rechtsstaat" wird zum ersten Mal in den Werken deutscher Wissenschaftler im ersten Drittel des 19. Jh., so *K. T. Welcker* (der als erster diesen Begriff 1813 benutzte), *I. Ch. Freiherr von Aretin* und *R. von Mohl*, verwendet.

Die philosophische Grundlage der Theorie des Rechtsstaats wurde von *Kant* und *Hegel* entwickelt. *Kant* bestimmte den Staat als *„Vereinigung einer Menge von Menschen unter den Rechtsgesetzen"* und verstand unter dem Wohl des Staates die höchste Stufe der *„Übereinstimmung des Staatsaufbaus mit den*

---

* *Prof. Dr. iur. Vladimir Fadeev* ist Leiter des Lehrstuhls für Staats- und Kommunalrecht der Russischen Föderation an der MGJuA. Er ist Verdienter Wissenschaftler der RF.

1 *Isensee*, Staat und Verfassung. Das Staatsrecht Deutschlands. Gekürzte Übersetzung der deutschen 7-bändigen Ausgabe, Teil 1, Moskau 1994, S. 13.

Rechtsprinzipien, nach denen zu streben unsere Vernunft durch einen gewissen verbindlichen Imperativ veranlasst ist"[2]. Nach Auffassung *Hegels* besteht der philosophische Sinn des neuen Staates darin, dass dieser die höchste Verwirklichung der Idee der Freiheit ist. Indem *Hegel* den Staat als sittliche Einheit und wirkliche Harmonie der Personen betrachtet, versucht er, diesen Staat mit der Grundlage der persönlichen Freiheit zusammen zu bringen. Der Staat muss dem sittlichen Gesetz und der persönlichen Freiheit Verwirklichung verleihen, das Ideal in die Wirklichkeit umwandeln.[3] Dabei ist er bestrebt, sich von den Theorien abzugrenzen, die die Persönlichkeit völlig in der Allgemeinheit des Staatsorganismus aufgehen lassen (z.B. *Platons* Ständestaat).

Im vorrevolutionären Russland wurde die Idee des Rechtsstaates von der Wissenschaft des Staatsrechts, die unter dem großen Einfluss der deutschen Rechtsschule entwickelt worden war, wahrgenommen und weiterentwickelt. *„Die Idee des Rechtsstaates steht im Fokus des gegenwärtigen juristischen Denkens"* schrieb *S. A. Kotljarevskij* im Jahr 1909. Nach seiner Meinung *„bezieht sich der Rechtsstaat auf die Welt der Ideen, aber die Ideen verwirklichen sich stetig und bringen Tatsachen hervor"*. Dabei betonte er, dass durch diese Idee nur die Verfassungsordnung verwirklicht wird.[4] Ein anderer hervorragender Vertreter der vorrevolutionären Wissenschaft des Staatsrechts, *F. F. Kokoschkin*, wies darauf hin, dass die praktische Verwirklichung der Idee vom Rechtsstaat der Verfassungsstaat ist, in dem die Staatsmacht auf dem Recht beruht und durch das Recht begrenzt wird; ihre absolute juristische Begrenzung erfolgt durch das Völkerrecht, die grundsätzlichen Rechte der Bürger und die Grundlagen der Staatsorganisation. Die Unterordnung des Staates unter das Recht wird durch die Teilnahme des Volkes und der Volksvertreter an der Gesetzgebung und durch die Gewaltenteilung gewährleistet. Diese Verfassungsprinzipien erreichen ihre Ziele bei Vorhandensein von ergänzenden Garantien, die in ihrer Gesamtheit den Verfassungsaufbau bilden.[5]

In der sowjetischen Periode der Entwicklung der russischen Staatlichkeit wurde auf die Idee des Rechtsstaates als bürgerlich und unannehmbar für den sozialistischen Staat verzichtet. Der große sowjetische Theoretiker des Rechts *E. B. Paschukanis* schrieb in seinem Werk *„Die allgemeine Theorie des Rechts und der Marxismus"* im Jahre 1924: *„Der Rechtsstaat ist eine Illusion, aber eine sehr bequeme Illusion für die Bourgeoisie, denn sie ersetzt die ausgelöschte*

2 *Kant/HegelSchelling,* Die deutsche klassische Philosophie, Teil 1, Moskau 2000, S. 119, 125.

3 *Kant/Hegel/Schelling* (Anm. 2), S. 557 - 558.

4 Siehe *Kotljarevskij*, Der Rechtsstaat und die Außenpolitik, Moskau 1909, S. 1; *ders*., Macht und Recht, Moskau 1915, S. 32.

5 Siehe *Kokoschkin,* Lektionen zum allgemeinen Staatsrecht, Moskau 2004, S. 125, 224.

religiöse Ideologie, die vor der Masse die Tatsache der Herrschaft der Bourgeoisie verhüllt". In der geschichtlichen Wirklichkeit ist „der Rechtsstaat" der Staat, der über der Gesellschaft steht und sich in der Qualität seiner eigenen Widersprüchlichkeit verwirklicht, d.h. als *„Ausschuss, der die allgemeinen Angelegenheiten der gesamten Klasse der Bourgeoisie verwaltet"*.[6]

In der Periode der Perestroika – in der 2. Hälfte der 80er Jahre des vorigen Jahrhunderts – erwies sich die Idee des Rechtsstaates unter den Bedingungen der Reformierung der sowjetischen staatlichen und gesellschaftlichen Ordnung als außerordentlich gefragt: Es erschienen Werke, die dem sozialistischen Rechtsstaat gewidmet waren.

Als die Pfeiler des sozialistischen Rechtsstaates erwiesen sich:
- die Einführung der erlaubenden (gestattenden) Ordnung als gesellschaftliches Prinzip (was den Verzicht auf die Dominanz der Kommandoverwaltung bedeutet);
- die Allgemeinheit und Garantie der genehmigenden (erlaubenden) Regulierung durch die staatlichen Organe, Organisationen und Amtspersonen, die Machtfunktionen und Befugnisse inne haben (damit die Willkür der Macht und ihrer Vertreter durch den strengen Rahmen ihrer Tätigkeit ausgeschlossen wird); *„die Formen sind der Erbfeind der Willkür"* (*Ihering*);
- die Erhöhung der unmittelbaren juristischen Bedeutung der Menschenrechte (sie sollen die Bedeutung einer besonderen und juristischen Realität erlangen).[7]

Um den Zustand des Rechtsstaates im gegenwärtigen Russland, das Niveau seiner Entwicklung und die reale Verwirklichung seiner verfassungsmäßigen Prinzipien und Institute im staatlichen und gesellschaftlichen Leben einzuschätzen, muss man wenigstens eine kurze Charakteristik dessen geben, wie sich der russische Staat im Jahre 1993 darstellte, als die Verfassung der RF angenommen wurde, die die RF als Rechtsstaat verkündet hat.

Im Jahre 1993 wurden alle Bereiche des staatlichen und gesellschaftlichen Lebens in der RF „zerstört" oder desorganisiert; die Gesellschaft war gespalten: die alten Ideale waren verloren gegangen und die neuen Leitbilder befanden sich im Prozess ihrer Herausbildung. Die russische Staatlichkeit stand vor ihrer Auflösung nach dem Muster des Zerfalls der UdSSR.

Die Verfassung der RF von 1993 hat die grundlegenden Prinzipien der rechtlichen Ordnung der neuen russischen Staatlichkeit gefestigt und hat die Pri-

---

6 *Paschukanis,* Gesammelte Werke zur allgemeinen Theorie des Staates und des Rechts, Moskau 1990, S. 138, 143.

7 Siehe *Alexejev,* Das Staatsrecht – Das Schicksal des Sozialismus, Eine wissenschaftlich-publizistische Skizze, Moskau 1988, S. 111 - 130.

oritäten der staatlichen Tätigkeit, den rechtlichen Vektor der Entwicklung des Staates und der Gesellschaft festgelegt. Sie ist zum Fundament und dem „tragenden Skelett“ des sich herausbildenden neuen Rechtssystems geworden. Die Verfassung gab der Gesellschaft das konstitutionelle Ideal des Rechtsstaates.

Das Problem der Wechselbeziehung des idealen und realen Rechtsstaates, seines formellen und materiellen Inhalts existiert in jedem Land, in welchem der Staat nach Rechtsstaatlichkeit strebt. Der Rechtsstaat muss als ein rechtlicher Staat aufgebaut werden, d.h. auf solchen Grundlagen und Prinzipien beruhen, dass er nach seinem Aufbau und nach der Organisation der Macht rechtlich ist.

Aber dies genügt nicht. Es ist erforderlich, dass auch der Inhalt der staatlichen Tätigkeit rechtlich ist und den verfassungsmäßigen Prinzipien entspricht. Deshalb muss ständig daran gearbeitet werden, den Staat und seine Behörden an das Recht zu binden. Eine große Rolle bei dieser Arbeit spielten neben dem Parlament die übrigen Repräsentativorgane und die Institutionen der Zivilgesellschaft. In Russland verschärfte sich in den 90er Jahren dieses Problem nicht nur durch das Fehlen der erforderlichen sozial-ökonomischen Voraussetzungen und Bedingungen für die Bildung des Rechtsstaates, die fehlende Entwicklung der gesetzgeberischen Grundlagen und der Institutionen der Zivilgesellschaft, aber auch durch die Existenz von Traditionen, die ursprünglich aus einer anderen Staatlichkeit mit anderen Idealen stammen.

Seit der Annahme der Verfassung im Jahre 1993 ist die RF auf dem Wege der Herausbildung des Rechtsstaates gut vorangekommen:

- wesentliche Veränderungen in den wirtschaftlichen und sozialen Bereichen des Lebens der Gesellschaft wurden vorgenommen,
- eine neue Gesetzgebung wurde ihrem Wesen nach geschaffen, die auf den verfassungsmäßigen Prinzipien der Marktwirtschaft, der Priorität der Rechte und der Freiheiten des Menschen und Bürgers sowie der politischen und ideologischen Pluralität beruht,
- es entwickelte sich die gegenseitige Kontrolle aufgrund des Prinzips der Gewaltenteilung, aber bei Anerkennung der dominierenden Rolle des Präsidenten;
- die Verfassungsjustiz wurde eingeführt, die den Bürgern das Recht gab, sich an den *EGMR* für Menschenrechte zu wenden; es gibt das Institut des Menschenrechtsbeauftragten;
- es wurden die Institute der kommunalen Selbstverwaltung eingerichtet und es entwickeln sich die Institute der Zivilgesellschaft usw.

Auf welche Schwierigkeiten auf diesem Weg sowohl der Staat als auch die Gesellschaft stießen, illustrieren die Worte des Präsidenten der RF in der jährlichen Botschaft an die Föderale Versammlung im Jahr 2000: *„In Russland beginnt die Periode, in der die Macht das moralische Recht erwirbt, die Einhaltung der vom Staat festgelegten Normen zu verlangen.“* So gesehen, war der

Staat in den 90er Jahren nicht nur nicht in der Lage, die Bindung der eigenen Organe an die Normen des Rechts zu gewährleisten; er konnte auch nicht garantieren, dass die Bürger die Forderungen der Gesetze einhielten. Neben der *„Schattenwirtschaft"* entwickelte sich eine sog. *„Schattenjustiz"* – die Bürger, die die Hoffnung verloren hatten, Gerechtigkeit im Gericht zu erlangen, suchten nach anderen, nicht rechtlichen Wegen zur Lösung ihrer Probleme. Dies untergrub das Vertrauen zum Staat. Die Erschütterung des Staates aber ist immer auch die Erschütterung der staatlichen Ethik.[8]

II. Grundlegende Richtungen der Entwicklung des Rechtsstaates in der gegenwärtigen RF

Als die grundlegenden Richtungen der Entwicklung des Rechtsstaates in der gegenwärtigen Etappe der Entfaltung der russischen Staatlichkeit kann man folgende hervorheben:

- die Realisierung des Verfassungsprinzips *„Der Mensch, seine Rechte und Freiheiten sind der höchste Wert"* in der Tätigkeit der Organe der öffentlichen Macht;
- die Vervollkommnung des Prinzips der Gewaltenteilung: die Festlegung des möglichst optimalen Verhältnisses und der Wechselwirkung zwischen dem Präsidenten, der Regierung und der Föderalen Versammlung;
- die Gewährleistung der vollständigen Unabhängigkeit der Gerichtsmacht, die Entwicklung der Verfassungsgerichtsbarkeit in den Subjekten der RF;
- die Entwicklung der Institute der Zivilgesellschaft;
- die Gewährleistung der Verantwortung des Staates für die Persönlichkeit;
- der Kampf gegen den Rechtsnihilismus, die Erhöhung des Niveaus des Rechtsbewusstseins und der Rechtskultur;
- die Erhöhung der Qualität der angenommenen Gesetze u.a.m.

III. Voraussetzungen für die gegenwärtige Entwicklung des Rechtsstaates

Die erfolgreiche Realisierung dieser Richtungen ist nur beim Vorliegen einer Reihe von Bedingungen und Voraussetzungen möglich; darunter kann man in erster Linie die folgenden hervorheben:

1. Entwicklung der Zivilgesellschaft

Die Prinzipien der Organisation des Rechtsstaates und seine wesentlichen Züge und Merkmale wirken und verwirklichen sich nur effektiv bei Existenz einer vom Staat unabhängigen aktiven Zivilgesellschaft und ihrer Institutionen. Die

---

8 Vgl. dazu im Einzelnen den Beitrag von *Artemov*, S. 57 ff.

entwickelte Zivilgesellschaft errichtet Schranken gegen die Allmächtigkeit des Staates und schützt die Bürger und ihre Vereinigungen vor gesetzwidrigen Eingriffen in ihre Tätigkeit durch die öffentliche Macht. Die Zivilgesellschaft in Russland befindet sich im Stadium der Entwicklung.[9] Diese wird heute in vieler Hinsicht von 2 Faktoren bestimmt: die Unterstützung der Staatsorgane und der Organe der kommunalen Selbstverwaltung sowie die wachsende Rolle der Internet-Gemeinschaft im gesellschaftlich-politischen Bereich – nämlich in Verwirklichung der gesellschaftlichen Kontrolle über das Handeln der Macht. Der letztgenannte Faktor hat sich besonders markant in den Ereignissen gezeigt, die mit der Entstehung der gesellschaftlichen Bewegung verbunden war, die die Modernisierung des politischen Systems in Russland fordert. Eine neue Generation von Menschen hat sich herausgebildet, die unter den Bedingungen der früher unbekannten Informationstechnologien erzogen wurde. Das zeigt anschaulich: Das Ideal des Rechtsstaates wird unter neuen Bedingungen verwirklicht. Das müssen sowohl der Staat als auch die Gesellschaft berücksichtigen. Die neue Zeit diktiert neue Formen der Realisierung der Prinzipien der Rechtsstaatlichkeit. Man kann heute an die Entwicklung der Prinzipien des Rechtsstaates und der Realisierung seiner Prinzipien nicht mehr mit den Kriterien des 19. und 20. Jh. herangehen: Die Internet-Zivilisation fordert ein neues Herangehen an die Lösung der ewigen Fragen der Wechselbeziehung von Gesellschaft, Staat und Recht.

Die Entwicklung der Zivilgesellschaft in Russland beruht auf gesellschaftlich-staatlichen Strukturen, die auf Initiative des Staates und der Organe der kommunalen Selbstverwaltung geschaffen werden und die sog. Brücken sind, die die öffentliche Macht mit der Zivilgesellschaft verbinden. Die wesentliche Rolle kommt dabei dem Präsidenten der RF zu. Bei ihm existiert der Rat für die Entwicklung der Zivilgesellschaft und der Menschenrechte. Dieses Beratungsorgan wurde mit dem Ziel gebildet, das Staatsoberhaupt bei der Realisierung seiner verfassungsmäßigen Befugnisse zu unterstützen. In der letzten Zeit hat er seine Tätigkeit erheblich aktiviert: Im Rat sind viele bekannte Menschenrechtler tätig. Im Zusammenhang damit könnte dieses Organ dem Präsidenten den Entwurf eines staatlichen Programms zur Entwicklung der Institute der Zivilgesellschaft vorschlagen, das bis heute nicht existiert. Als Instrumente der Einwirkung auf den Prozess der Entwicklung der Institute der Zivilgesellschaft treten die gesellschaftlichen Kammern auf, die auf allen Ebenen der öffentlichen Macht gebildet wurden: auf der föderalen, regionalen und kommunalen Ebene. Die Ordnung ihrer Bildung, ihre Aufgaben und Funktionen werden durch die Gesetze

9 Siehe *Grudzyna,* Der Staat und die Zivilgesellschaft, Moskau 2010; *Grib,* Die Wechselwirkung der Organe der Staatsmacht und der Institutionen der Zivilgesellschaft in der russischen Gesellschaft: verfassungsrechtliche Aspekte, Moskau 2011.

sowie durch die Entscheidungen der Organe der kommunalen Selbstverwaltung festgelegt. Ihre grundsätzliche Aufgabe ist die Ausführung von gesellschaftlichen Expertisen für die Entwürfe von Gesetzen und anderen Rechtsakten sowie die Kontrolle der Tätigkeit der Exekutivorgane. Gemäß dem Föderalen Gesetz vom 4. April 2005 Nr. 32-FZ *„Über die gesellschaftliche Kammer der Russischen Föderation"* bereitet dieses Organ jährlich den Bericht über die Lage der Zivilgesellschaft in der RF vor und veröffentlicht ihn. Große Bedeutung hat zudem die Tätigkeit der Menschenrechts- und Kinderrechtsbeauftragten für die Entwicklung der Zivilgesellschaft, die auf der föderalen und regionalen Ebene der Macht wirksam sind. Erforderlich ist, dass die jeweiligen kommunalen Institutionen auf ehrenamtlicher Grundlage arbeiten. Die Entstehung und Entwicklung der örtlichen Selbstverwaltung brachten Bewegung in die zwischenkommunale Zusammenarbeit: es bildeten sich Vereinigungen der örtlichen Macht (die Räte der kommunalen Gebilde in den Subjekten der RF, die Vereinigungen der kleinen Städte, der historischen Städte[10] usw.). Es wäre zweckmäßig, den Rat der Föderation – die zweite Kammer des russischen Parlaments – aus der Kammer der Regionen in die Kammer der Regionen und der örtlichen Selbstverwaltung umzuwandeln, wodurch die Vertretung der Stadtverwaltungen mit dem Ziel der Vertretung und des Schutzes der örtlichen Interessen im föderalen Parlament gewährleistet würde.

Verschiedene Bürgerinitiativen und -bewegungen, die dank dem Internet entstehen, entwickeln sich. Die Internet-Bewegungen haben eigene positive und negative Folgen. Einerseits entwickeln sie die Bürgeraktivität und ziehen eine erhebliche Menge von Bürgern zur Diskussion an die verschiedenen Probleme des staatlichen und gesellschaftlichen Lebens heran und helfen, Verletzungen der Rechte und der Freiheiten des Menschen und des Bürgers durch die Organe der öffentlichen Macht und ihre Amtspersonen festzustellen und aufzudecken. Andererseits können staatsfeindliche Kräfte das Internet zur Diskreditierung des Staates und zur Zerstörung der Rechtsordnung in der Gesellschaft ausnutzen. Das verlangt Aufmerksamkeit hinsichtlich des Problems der rechtlichen Regelung in diesem Bereich. Dabei muss der Staat in größerem Maße die neuen Informationstechnologien dafür nutzen, die Institutionen der Zivilgesellschaft zur Teilnahme an der Verwaltung der staatlichen und gesellschaftlichen Angelegenheiten heranziehen. Darauf ist der Erlass des Präsidenten der RF vom 9. Februar 2011 Nr. 167 *„Über die öffentliche Debatte der Entwürfe der föderalen Verfassungsgesetze und der föderalen Gesetze"* gerichtet, der vorsieht, dass die Texte

10 Der Begriff der historischen Städte ist in den 1970er Jahren entstanden. Darunter werden die Städte verstanden, die historische Denkmäler haben und als historische Orte geschützt werden. Z.Zt. sind in Russland insgesamt 41 historische Städte anerkannt, darunter z.B. Vladimir, St. Petersburg usw.

der Gesetzesentwürfe ins Internet gestellt werden, um die Diskussion durch die Bevölkerung zu sichern.

2. Rolle des Parlaments

Ein weiterer Faktor, der auf die Entwicklung der vollwertigen Zivilgesellschaft und die Entwicklung Russlands als Rechtsstaat einwirkt, ist das Parlament (die Föderale Versammlung). Sein verfassungsrechtlicher Status bestimmt erstens die Rolle des Parlaments als das Element des Systems der gegenseitigen Kontrolle, die das Gleichgewicht der Gewalten und die Angemessenheit ihrer Befugnisse gewährleistet. Das Parlament erfüllt heute diese Rolle noch nicht im erforderlichen Maße, weil die Verfassung der RF von 1993 das Gleichgewicht der Gewalten im Staat zugunsten der Macht des Präsidenten der RF als Staatsoberhaupt und als Garant der Verfassung der Rechte und der Freiheiten des Menschen und des Bürgers ausgestaltet hat. Der Präsident soll das abgestimmte Funktionieren und die Wechselwirkung der Organe der Staatsmacht gewährleisten (Art. 80).

In der jüngsten Vergangenheit wurden mit der Verfassungsänderung aus dem Jahr 2008 die Positionen des Parlaments im System der Gewaltenteilung gestärkt. Es wurde die Pflicht der Regierung der RF festgesetzt, der Duma einen jährlichen Rechenschaftsbericht über die Ergebnisse ihrer Tätigkeit vorzulegen, darunter zu den Fragen, die von der Staatsduma gestellt wurden (Art. 103, Art. 114 der Verfassung der RF). Die vorliegende Verfassungsänderung stärkte auch den verfassungsrechtlichen Status der Regierung der RF als das höchste Exekutivorgan der Staatsmacht der RF,[11] indem im gewissen Maße der Monopolismus der Macht des Präsidenten gegenüber der Exekutivmacht aufgeweicht wurde. Das Parlament erhielt einen zusätzlichen Hebel im Kampf gegen Verantwortungslosigkeit, Bestechlichkeit und Nichteinhaltung der Kompetenzen im System der Exekutivmacht.[12] Die Positionen des Parlaments verstärkten sich auch bzgl. der Bildung der Regierung; diese Frage steht vor dem Gesetzgeber in Verbindung mit der Entwicklung des Parlamentarismus in Russland. Insbesondere das Parlament in Gestalt der Duma könnte das Recht erhalten, die Kandidatur für das Amt des Vorsitzenden der Regierung festzulegen, für dessen Benennung heute die Staatsduma gem. Art. 103 der Verfassung der RF ihre Zustimmung dem Präsidenten der RF gibt.[13]

---

11 Siehe Art. 1 des Föderalen Verfassungsgesetzes v. 17.12.1997, Nr. 2 – FKZ (in der Redaktion v. 28.10.2010) „Über die Regierung der Russischen Föderation".

12 Eine analoge Frage ist, wie die Staatsduma die sich ihr eröffnenden Möglichkeiten nutzt.

13 Die Staatsduma könnte die Kandidaten (z.B. nicht weniger als drei) für das Amt des Präsidenten der Regierung vorschlagen.

In dem Föderalen Verfassungsgesetz vom 17. Dezember 1997 Nr. 2-FKZ (in der Fassung vom 28. Dezember 2010) *„Über die Regierung der Russischen Föderation"* könnte man vorsehen, dass die föderalen Minister nach Konsultation mit den jeweiligen Ausschüssen oder Kommissionen der Duma ernannt und entlassen werden. Möglich ist auch eine andere Lösung dieser Frage: Der Vorsitzende der Regierung schlägt dem Präsidenten die Kandidaten für das Amt der föderalen Minister unter Berücksichtigung der durchgeführten Beratungen mit den jeweiligen Ausschüssen und Kommissionen der Kammer des Parlaments oder mit dessen Fraktionen vor.

Die effektive Tätigkeit des Parlaments bedingt auch die Rolle des Parlaments als das demokratische und kontrollierende Zentrum des Systems der Macht des gegenwärtigen Staates, als Garant der Öffentlichkeit des politischen Lebens und als Instrument des Kampfes gegen die bürokratische Geschlossenheit der Macht, gegen politische Willkür und Korruption.

Diese Parlamentstätigkeit sprengt den Rahmen der Gewaltenteilung, die das gesellschaftlich-politische Leben des Staates im Ganzen beeinflusst und zur Begründung und Entwicklung der demokratischen Prinzipien in der Gesellschaft beiträgt: Öffentlichkeit, Meinungs- und Diskussionsfreiheit, Achtung vor dem Gesetz, Menschenrechte, Loyalität gegenüber der Macht, Verantwortung der politischen Parteien und der übrigen Teilnehmer am gesellschaftlich-politischen Leben vor dem Volk usw. Diese Aufgabe ist nicht weniger bedeutsam im modernen Rechtsstaat als die Sicherung des Gleichgewichts der Mächte und ihrer Befugnisse. Transparenz, Öffentlichkeit der Macht, Informationskanäle, die mit den Institutionen der Zivilgesellschaft verbunden sind, gesellschaftliche Expertisen, gesellschaftliche Kontrolle und Internet-Beratungen – all dies muss vom Parlament aktiv eingesetzt werden. Die Rückkehr des Vertrauens in die Macht ist eine grundsätzliche Aufgabe, die im Laufe des demokratischen Diskurses in der modernen russischen Gesellschaft gelöst werden muss.

3. Geistig-sittliche Grundlagen des Rechtslebens

Besondere Bedeutung für die Verwirklichung der Idee des Rechtsstaates haben die geistig-sittlichen Grundlagen des Rechtslebens und der Rechtsordnung, denn es genügt nicht, nur einen Glauben an die wirkungsvollen und siegreichen Kräfte der idealen politisch-rechtlichen Einrichtungen zu haben. Die Fragen ihres Funktionierens sind unmöglich (trotz der bekannten Worte von I. Kant) ohne die geistige und moralische Vervollkommnung der Menschen zu lösen.

Das stürmische und tragische 20. Jh. hat dazu geführt, dass die Menschen in vielen Fällen die geistige Ausmessung des Lebens verloren haben: die sittlichen Gesetze des menschlichen Daseins werden ausgehöhlt und sind zu unbestimmt. Bei alledem ist es offensichtlich, dass sich die Tätigkeit der gesellschaftlichen und staatlichen Institutionen im Rahmen der sittlichen Koordinaten auf der

Grundlage der geistigen und politisch-rechtlichen nationalen Traditionen verwirklichen soll.

Der führende Philosoph des Rechts und der Staatskundige *N. N. Alexejev* bekennt, dass man heute mehr als früher die Wahrheit bestätigen muss, dass die natürliche Bewegungskraft des gesellschaftlichen Lebens die Seele des Menschen ist; man kann die vollkommensten sozialen Einrichtungen erfinden, aber wenn die Ausführenden Menschen sind, die nicht wissen, was Ehrlichkeit ist, dann verwandelt sich die vollkommenste politische Form in eine *„gesellschaftliche Kloake"*[14]. Deshalb ist es ohne Rechtsbewusstsein – ohne Rechtsgewissen – unmöglich, die Ideen des Rechtsstaates zu verwirklichen. *„Immer und zu jeder Zeit ist das Rechtsbewusstsein die reale und heilige Grundlage der Gesellschaft und des Staates"* (*I. A. Iljin*).

---

[14] Siehe *Alexejev,* Das russische Volk und der Staat, Moskau 1998, S. 300.

Die sittliche Dimension von Freiheit und Recht

*Viacheslav Artemov**

Das wachsende Bedürfnis der gegenwärtigen Gesellschaft nach Vervollkommnung des Rechts kann nur in Verbindung mit der Entwicklung einer neuen Form der Wechselbeziehungen zwischen den Menschen und den sozialen Gruppen vom Standpunkt der Stärkung ihrer Freiheit und der ihr entsprechenden rechtlichen Freiheiten, die den sittlichen Grundlagen eigen sind, verwirklicht werden. Aber diese neue Form kann nur Stabilität erlangen, wenn ihre praktische Verwirklichung durch eine entsprechende Bewegung von Seiten der Sittlichkeit des Rechts selbst in ihrer Vielfältigkeit ergänzt wird. Im anderen Fall verstärkt sich die Möglichkeit „neuer Krisen", die sowohl tiefer als auch wirklich globaler zu werden versprechen.[1]

IV. Recht und Sittlichkeit

Über die rechtlichen Probleme philosophierend, beschrieb *I. Kant* als allgemeines Ziel der Moral und des Rechts: die Festigung der sittlichen Freiheit des Menschen. Die Freiheit des Menschen als sittliches Subjekt muss ergänzt und garantiert werden durch die Freiheit des Menschen als Subjekt des Rechts. *G. W. F. Hegel* führte diese auf das Recht gerichtete Linie bis zum Äußersten fort: Er verband die Sittlichkeit mit solchen Stufen der Objektivierung der menschlichen Freiheit wie die Familie, die bürgerliche Gesellschaft und den Staat. Die staatlich-rechtliche Schlagseite überwindend, betonte *V. S. Solovjev*, dass der Reichtum und die reale Kraft des Rechts immer abhing und abhängt von einem bestimmten Minimum der Sittlichkeit.

Wenn zur Zeit der Entstehung des Rechts die Sittlichkeit auf natürliche Weise in der Qualität eines grundlegenden Faktors seiner Entwicklung auftrat, so formalisiert sich die Sittlichkeit unter den Bedingungen der rechtlichen „Blütezeit" und verwandelt sich häufig in eine elementare Etikette.

Aufgrund des sich dynamisch entwickelnden Systems der Beziehungen zwischen den Menschen bedarf die Gesellschaft sicherer Grenzen, die nicht von außen, sondern zwischen den Menschen selbst bestimmt werden. Das setzt in erster Linie ein Minimum an Freiheit voraus.

---

* *Dr. Viacheslav M. Artemov* ist Professor des Lehrstuhls für Philosophie an der MGJuA.

1 Siehe *Motroschilova*, Zivilisation und Barbarentum in der Epoche der globalen Krisen, Moskau 2010, S. 475.

Die gegenwärtige Situation in Russland ist dergestalt, dass sich die Verwirklichung der rechtlichen Paradigma in Loslösung von den alten, für die vaterländische Kultur charakteristischen politisch-sittlichen Standards der Entwicklung vollzieht. In vielem ist dies mit dem herrschenden Ökonomismus verbunden, der die Ethik als „Dienerin des Notwendigen" betrachtet: Und gegenwärtig ist das Notwendige die Ökonomie.[2] Das Gute, die Gerechtigkeit, die wahre Freiheit und die Ethik insgesamt erweisen sich häufig als „überflüssige" Hindernisse.

Selbst im früheren sowjetischen Recht wurden sie bewusst unter den Ideen der realen Freiheit und Moral vom Standpunkt einer rosigen Perspektive der Vermenschlichung aller zwischenmenschlichen und gesellschaftlichen Beziehungen zusammen genommen. Es versteht sich allerdings, dass ein Zurück in die Vergangenheit weder notwendig noch möglich ist. Und für die Zukunft muss die Sittlichkeit ein hohes gesellschaftliches Ideal bleiben Wie bekannt, richtete *P. I. Novgorodzev* die Aufmerksamkeit darauf, dass die äußeren rechtlichen Formen für die sittlichen Ziele nicht gleichgültig sind. Gerade dann, wenn sie sich wirklich adäquat entwickeln, reduziert die Gegenwart das soziale Ideal nicht nur auf ein Minimum, sondern strebt ein Maximum der Sittlichkeit im Recht an. Die Sittlichkeit setzt die Freiheit voraus, deren andere Seite die Verantwortung ist.

V. Freiheit und Verantwortung

Zur Zahl der häufigsten Problempunkte der Gegenwart muss man alle sich verstärkenden Brüche zwischen Freiheit und Verantwortung zählen. Verantwortungslosigkeit – z.T. maskiert als Freiheit – öffnet sich auf aggressive Weise ihren Weg auf allen Ebenen, sie unterwirft das Beständige des sozialen Gebäudes Gefahren und untergräbt den Glauben vieler Menschen in die positive Perspektive des Fortschritts im Allgemeinen. In dieser Situation ist es wichtig, den verhältnismäßig stabilen Inhalt solcher wirklichen Schlüsselbegriffe und miteinander in Wechselwirkung stehenden philosophischen Kategorien und sittlichen Werte wie Freiheit und Verantwortung zu bestimmen. Im bekannten Sinne können sie mit der Kraft der Schönheit in Wechselwirkung stehen, aber die Rede ist von der Suche nach den fundamentalen Grundlagen für ihre Gleichartigkeit. Diese kann allen allgemeinen Kategorien und Werten der sozialhumanitären Ordnung zugeschrieben werden. *V. S. Solovjev* bemerkte dazu: *„... Im Leben gibt es einen Sinn ..., dieser Sinn schließt die Kraft des Schönen nicht aus, abstrakt gesagt, kann dieses aber nur unter den Bedingungen des Guten dazugehören."*[3]

---

2 Siehe *Badju*, Ethik: Skizze über das Bewusstsein des Übels, SPB 2006, S. 51.

3 *Solovjev*, Werke in 2 Bd., Moskau 1988, S. 89.

Im Fall von Freiheit und Verantwortung ist der sittliche Kontext ihrer Betrachtung besonders wichtig, aber wir gehen wesensmäßig von einer inneren geistigen Kraft des Menschen und der besonderen strukturellen Schönheit des Sozium als Ganzes aus. Bemerkenswert ist, dass *Kants* Idee, nach der Freiheit sich im Bewusstsein des Menschen nur unter den Bedingungen einer sittlichen Tätigkeit offenbart, ihrem geistigen Inhalt nach *„mit dem aktiven Inhalt der russischen Philosophie in Wechselwirkung steht“*.[4] In dieser Beziehung wird gefordert, die verschiedenen Arten der flüchtigen Vorstellung und des Stereotyps in der Diskussion über diese wichtigen Dimensionen des menschlichen und kulturellen Daseins vorherzubestimmen. Deshalb treten sittlich-philosophische Vernunft, theoretische Ordnung und Systematisierung der verschiedenen Grenzen des Problems als wichtige Aufgaben nicht nur der Wissenschaft und der humanitären Bildung, sondern auch der geistigen Kultur insgesamt auf.

Es existiert eine große Vielfalt an unterschiedlicher Literatur, die die Freiheit in ihren verschiedenen Aspekten untersucht. Aber bei weitem nicht alle Autoren der entsprechenden wissenschaftlichen Arbeiten berücksichtigen im ausreichenden Maße die bekannten Warnungen *I. Kants*. Ausgehend von der praktischen Vernunft bestätigte er: Man kann die Idee der Freiheit zum Postulat erheben, ohne Beweise zu haben; man kann (oder kann auch nicht) ein solches Postulat annehmen, um in der Wirklichkeit die Kraft der Freiheit zu prüfen, in Übereinstimmung damit sein empirisches Leben zu gestalten, oder nicht zu prüfen und Sklave zu bleiben – das ist die Ursächlichkeit unserer phänomenalen Natur.[5]

Von der sog. alten Ethik wurden verschiedene Versuche der Überwindung ähnlicher normativer Ideen und Äußerungen unternommen. Dazu gehört z.B. die Position E. Neumanns, der einer der bedeutendsten Mitstreiter und Anhänger *K. Jungs* war. Die Verantwortung für die Gruppe – schreibt er – setzt die Existenz der Persönlichkeit voraus, die ihr Schattenproblem begreift und ernsthaft nach einer Lösung sucht. Im Prozess der Erfüllung dieser Aufgaben muss sich der Mensch vom Absolutismus … und der Identifikation mit kollektiven Werten befreien.[6] Bei aller äußeren Verlockung eines solchen Herangehens vom Gesichtspunkt des Menschen aus, der nicht nur zur Vervollkommnung, sondern auch zur Ganzheit (Integrität) strebt, bleibt die Frage der Begründung der Folgen offen. Man kann sich denken, dass ohne einen hohen moralischen Maßstab der Mensch früher oder später aufhört, Mensch zu sein.

---

4 *Kronenberg*, Die Philosophie Kants und ihre Bedeutung in der Geschichte der Entwicklung des Denkens, Kaliningrad 2005, S. 8.

5 *Kant*, Gesammelte Werke in sechs Bänden, Moskau 1963 - 1966, Bd. 4, S. 455.

6 Siehe *Neumann*, Tiefenpsychologie und neue Ethik, SPB 2008, S. 117.

Auf das Problem der Freiheit zurückkommend, muss darauf hingewiesen werden, dass die Gefahr von Versuchen der Loslösung der Freiheit vom eigenen menschlichen Dasein, der Loslösung von der Natur (ungerechtfertigte Ontologisierung) als auch ihrer Politisierung und Juridifizierung besteht. Denn ihrem Wesen nach bedeutet Freiheit gerade auch Verantwortung für dauerhafte und stabile zwischenmenschliche, soziale und rechtliche Beziehungen. Gerade sie erfüllt das Leben der Menschen mit Sinn und sie fordert von den Subjekten soziale Lebenstätigkeit unter neuen schöpferischen und zielgerichteten Bedingungen. Ungeachtet der großen Zahl der Quellen zum gegebenen Problem bleibt gerade das Phänomen der Freiheit bis heute die am meisten verworrene und am meisten studierte aller bekannten Arten von Qualitäten des Menschen – und das ist nicht paradox. In Übereinstimmung mit den Quellen haben nach unserer Meinung seriöse methodologische und theoretische Berechnungen und einseitige Herangehensweisen eine Berechtigung. Dem entspricht zum einen ein außerordentlich breites Verständnis, bei dem sich Freiheit entsprechend ihrer Natur ausdehnt, d.h. sich mit dem herabfallenden Stein identifiziert und über den freien Willen des Menschen verfügt[7], nach Auffassung von *N. A. Berdjaev* zum Schöpfertum und zu einem primären Chaos im Allgemeinen führt[8] oder zum anderen ein außerordentlich enges Verständnis, wenn alles zu besonderen sozialen Beziehungen[9] oder – im noch engeren Verständnis – zur politisch-rechtlichen Sphäre führt.[10] Der eigene menschliche Inhalt der Freiheit bleibt dabei im Schatten und wird einfach ignoriert.

Wichtig ist es zu betonen, dass die menschliche Existenz ohne die Freude und ohne die Last der Freiheit sinnlos ist. Der historische Prozess insgesamt ist durch immer wiederkehrende spontane und zielgerichtete Bemühungen der Menschen als den grundlegenden Subjekten der Lebenstätigkeit bedingt. Gerade deshalb ist er trotz innerer Widersprüche und trotz seiner Vielseitigkeit auf die Fortentwicklung gerichtet. So ist die formale Verstärkung der Zahl der politisch-rechtlichen Freiheiten nicht immer von der entsprechenden Qualität der realen Freiheit der Menschen und der Gesellschaft begleitet. Einige Menschen sind nicht bereit, das zu nutzen, was ihnen von außen durch das Fehlen der ausreichenden materiell-ökonomischen Bedingungen gestattet ist; andere verzichten auf die Sittlichkeit, wenn Freiheit sich dem Wesen nach – in Verbindung mit den geistig-sittlichen Defiziten – in ein Alles-Erlaubt-Sein verwandelt.

---

7 Siehe z.B. *Kalmükov*, Anatomie der Freiheit, Moskau 1995.

8 Siehe z.B. *Posdnjakov*, Philosophie der Freiheit, Moskau 2004.

9 Siehe z.B. *Baumann*, Freiheit, Moskau 2006.

10 Siehe z.B. *Novik*, Freiheit – XXI., Philosophische Wissenschaften 2000, Nr. 2.

So hat dies schon *E. Fromm* in der berühmten „Flucht vor der Freiheit" bereits in der Mitte des 20. Jh. in Bezug auf den Westen beschrieben und vieles davon wiederholt sich bis heute. Schon jetzt ist in Bezug auf Russland ein neuer Wille zur Flucht vor der Freiheit (auch Flucht aus der Verantwortung) feststellbar. Die spezifischen Äußerungsformen der aufgezeigten Flucht in Russland kann man bis jetzt nur ungenügend erklären, aber die negativen Resultate sind überall sichtbar. So sind heute schon bis zu 40 % der Bevölkerung Russlands bereit, einer „starken" Macht zum Schaden ihrer Rechte und Freiheiten zuzustimmen.[11] Im bestimmten Maße drückt sich diese Situation nicht nur in den Ergebnissen der Wahlen auf jeder Ebene, sondern auch in den Inhalten des sozialen Lebens aus.

Es versteht sich, dass auch über einige positive Momente des sozialen Lebens in der postsowjetischen Periode zu sprechen ist. Aber man kann diese nicht losgelöst von anderen Faktoren und Umständen der soziokulturellen Entwicklung betrachten. Z.B. ist eine der augenscheinlichsten Errungenschaften der russischen Gesellschaft in der letzten Zeit ein Schritt hin zur eigentümlichen Befreiung des Bewusstseins, der Befreiung von bekannten ideologischen und sozialpsychologischen Verkrustungen. In diesem Sinne wurde die Freiheit größer. Aber heute wird in Bezug auf die Freiheit gefordert, sie aus der eigentümlichen Gefangenschaft zu befreien, die sich aus dem einseitigen Herangehen an sie ergeben. Zielgerichtet sind deshalb die Schlüsselmomente zu bearbeiten, die die Freiheit komplex und im Kontext der soziokulturellen Realität charakterisieren. Vor allem ist hervorzuheben: Der Inhalt und die verschiedenen Formen der Freiheit bestimmen letztlich das Bewusstsein des Menschen als Subjekt der umgestaltenden und erkennenden Tätigkeit. Gerade die menschliche Tätigkeit ist eine besondere Form der Aktivität im Allgemeinen, die das Epizentrum des Daseins der Gesellschaft darstellt.

Bei der Betrachtung der menschlichen Tätigkeit und ihrer praktischen Resultate, die auf objektiven Kenntnissen basieren, dürfen die vielgestaltigen Wünsche des Menschen nicht vergessen werden. Sie sind i.d.R. mit den natürlichen und soziokulturellen Bedürfnissen verbunden, sind aber nicht identisch mit ihnen. Es ist üblich, diesen unbewussten Aufbruch als spontane Aktivität zu bezeichnen, die eine wichtige Seite des Daseins des Menschen und der Gesellschaft darstellt. Vieles erklärt sich aus den menschlichen Handlungen; deshalb kann man sie nicht einfach ignorieren.

Insgesamt wird die Freiheit nur dann zu einer eigentümlichen geistigen Realität, wenn sie zielgerichtet und kontrolliert bleibt – und das ist gerade das Phänomen der Verantwortung – wenn sie sich auf dem Niveau des persönlichen Da-

---

11 Siehe *Toschtschenko*, Der paradoxe Mensch, Moskau 2001, S. 363.

seins entwickelt. In solch einem Fall kann man von der augenscheinlichen Überlegenheit des Menschen im Vergleich zu anderen Lebewesen sprechen. Aber die gegebene Überlegenheit fordert von ihm neue Bedingungen bei der Selbstaktualisierung und Selbstverwirklichung.

Ein außerordentlich bedeutsames Moment der Freiheit besteht darin, dass man sie als „Segel" bezeichnen kann, das die Zielgerichtetheit der Entfaltung der individuellen und sozialen Aktivität gewährleistet und dass die Erkenntnis hervortritt, in erster Linie die Erkenntnis der objektiven Tätigkeit, der Notwendigkeit im weiten Sinne. In einem bestimmten Sinne betrachteten auch *B. Spinoza* und seine Anhänger die Freiheit als Erkenntnis der Notwendigkeit, was richtig war, aber die Freiheit erschöpft sich nicht nur darin.

Eine nicht unbedeutende Rolle bei der Korrektur des Kurses spielt die aufgezeigte Aktivität der Selbsterkenntnis. Auf ihr basiert die innere Freiheit. Außerdem ist die Selbsterkenntnis Äußerungsform eines dem Menschen eigenen Bedürfnisses, alles niederzuwerfen, was den Menschen daran hindert, ein Mensch zu werden. In erster Linie fordert dies das Vorhandensein eines Selbstbewusstseins als eigentümlicher Kern der Weltanschauung insgesamt. Die Ergebnisse der Erkenntnistätigkeit erlauben es, sich in der Wirklichkeit daran zu orientieren und die Möglichkeiten des Menschen und der Gesellschaft zu erweitern. Nicht zufällig bestimmt das Niveau der Entwicklung der Wissenschaft in vielem die Stufe der sozialen Freiheit.

Es ist bekannt, dass die Spezifik der menschlichen Tätigkeit einen zielführenden Charakter hat. Die Zielgerichtetheit verlangt eine Vorstellung davon, was bedeutsam ist nicht nur vom Standpunkt der Gewährleistung der Existenz, sondern auch vom Standpunkt der Entwicklung und Vervollkommnung. Dementsprechend dienen als eigentümliche Orientierung für den handelnden, wünschenden und erkennenden Menschen die Werte, unter denen einige Priorität haben. Auch die Fähigkeit ihrer Auswahl und der reale Prozess der Auswahl gehören zum Inhalt der Freiheit als solcher. So gesehen weist die Freiheit eine Vielzahl von Aspekten auf, stellt aber ein nicht zufälliges, stabiles und organisches Dasein des Menschen dar, das mit anderen im menschlichen und sozialen Leben verwurzelten Phänomenen eng verbunden ist. Zu ihnen gehören Sittlichkeit und Verantwortung. Umso mehr weist die Betrachtung letzterer i.V.m. der Freiheit auch auf die sittliche Veränderung der Freiheit in ihrer reifen Form hin.

Es ist wichtig anzumerken, dass die charakteristische Übertreibung der äußeren formalen Forderungen und Normen in den Arbeiten politisch-rechtlicher Ordnung Ausdruck einer bestimmten philosophischen Position ist, die den Hang zum Soziologischen hat. Man darf die existenzielle Änderung des menschlichen Daseins nicht vergessen. Im anderen Falle verschwindet das Wertvollste und Überlebensfähige in der Gesellschaft: die persönliche Initiative, die interessierte Teilnahme an der gemeinsamen Tätigkeit, die bewusste Kooperation.

Der positive Inhalt der Freiheit ist ohne Verantwortung undenkbar. Die Rede ist von dem eigentümlichen Maß der Freiheit selbst. Gerade deshalb ist es erforderlich, über die Verantwortung nachzudenken. Der eigene Wille ist auch die Loslösung der Freiheit von der Verantwortung und von der Sittlichkeit insgesamt. Eine stabile Verantwortung bedingt das Vorhandensein von Freiheit und Sittlichkeit. Die Verantwortung selbst eröffnet der Freiheit neue Horizonte, verleiht ihr eine andere Qualität, wenn der Mensch – und mit ihm die gesamte Gesellschaft – einen neuen Orbit zielgerichteter Tätigkeit erreicht, der in sich die rechtlichen Beziehungen einschließt. Klar ist, dass Zwang und Sanktionen allein nicht dazu führen können, dass man verantwortungsbewusster auftritt. Im Konflikt sozialer und politischer Widersprüche der Gesellschaft, die außerordentlich weit von der aufgezeigten Harmonie entfernt sind, gibt es Institute, die den Bürgern äußere, harte Forderungen auferlegen. Auf der anderen Seite wird unter ähnlichen Bedingungen die Verringerung der Sittlichkeit selbst im Vergleich zum strengen staatlichen Recht vorgenommen, das in sich Zwang und Bestrafung einschließt.

Die gesellschaftliche Meinung reagiert auf jede Art ungerechtfertigter künstlicher Verbote; sie betrachtet diese als künstlich und vorgegeben und weit entfernt von der vollständigen Gerechtigkeit.

VI. Fazit

Die weit verbreitete Auffassung, der gemäß Verantwortung ohne Freiheit nicht auskommen kann, bedeutet aber auch Sittlichkeit, die (besonders in Russland) unter folgenden Verhältnissen verfällt. *Erstens:* auf die Weise, dass die innere bewusstseinsmäßige Grundlage des verantwortlichen Handelns geleugnet wird; *zweitens*, dass ein geringschätziges Verhältnis zum Menschen demonstriert wird; *drittens*, dass das praktisch-sittliche Wesen der russischen Kultur selbst als geistige Achse unseres Landes nicht berücksichtigt wird. Man kann nicht nur auf administrative Ressourcen und andere Maßnahmen des Zwangs setzen, sondern muss auch die geistig-ideologischen Faktoren berücksichtigen. Gerade in die verfeinerten Prozesse der sozialen Selbstorganisation darf sich der Staat nicht grundsätzlich einmischen. Die Rede ist vom Werden und von der strengen Einhaltung der eigentümlichen Spielregeln auf der Ebene der Beziehungen zwischen den Menschen als Staatsbürgern. Wenn diese Regeln im grundlegenden den Bedürfnissen der gesamten Gesellschaft entsprechen, dann ist der Mechanismus der Sittlichkeit auf die Verantwortung gerichtet und damit beginnt sich die Qualität des Rechtsbewusstseins zu verbessern.

Grundrechte in Deutschland

*Michael Dawin**

Würde man in einer beliebigen deutschen Stadt den Mann auf der Straße fragen, was er über das Grundgesetz der Bundesrepublik Deutschland weiß, würden, wenn der Gefragte nicht ganz ignorant ist, am ehesten die *Grundrechte* genannt werden. Vor allem und gerade die durch diese Normen verbürgte und auch verwirklichte umfassende Freiheit wird im allgemeinen Bewusstsein mit dem Grundgesetz in Verbindung gebracht.

Die jedenfalls in der jüngeren Generation verbreitete und auch praktizierte Überzeugung, das tägliche Leben weitgehend frei von staatlichen Verboten und Einschränkungen, nach eigenen Vorstellungen und Vorliegen gestalten zu können, entspricht exakt der durch den Grundrechtskatalog geschaffenen Rechtslage.

I. Schutzbereiche der Grundrechte

Der sog. Schutzbereich der Grundrechte, d.h. das dem Grundrechtsträger durch die Verfassung garantierte Verhalten, ist, wenn man auf die Gesamtheit der Schutzbereiche aller Grundrechte abstellt, so weit, dass jedes menschliche Tun und Unterlassen erfasst wird. Dies beruht darauf, dass das *BVerfG* schon früh Art. 2 I 1 GG, das „Recht auf freie Entfaltung der Persönlichkeit", als Grundrecht der allgemeinen Handlungsfreiheit verstanden hat, das – subsidiär und lükkenfüllend – zur Anwendung gelangt, wenn das fragliche Tun nicht eine der benannten Betätigungen ist, die nach den Art. 4 ff. GG speziell geschützt sind.[1] Kurz und bündig kann man deshalb sagen: Jedes menschliche Handeln ist grundrechtlich geschützt.

Diese Garantie der allgemeinen Handlungsfreiheit wird ergänzt und vertieft durch den Schutz, den das *BVerfG* aus dem allgemeinen Persönlichkeitsrecht gem. Art. 1 I i.V.m. Art. 2 I GG entwickelt hat. Das allgemeine Persönlichkeitsrecht garantiert eine vom Einzelnen auch in „innerlich" freier Selbstbestimmung getroffene Entscheidung über sein Tun und Lassen. Deshalb muss bereits der Prozess dieser Entscheidung frei sein von den Einflüssen, die mittels der Allgegenwärtigkeit und Allwissenheit der modernen Informationstechnologie ge-

---

* *Michael Dawin* ist Honorarprofessor an der Juristischen Fakultät der Universität Potsdam, Vizepräsident des *LVerfG Bbg* a.D. und Richter am *BVerwG* a.D.

1 *BVerfG*, Urt. v. 16.01.1957 – 1 BvR 253/56 (Elfes) – E 6, 32.

schaffen werden können. „*Wer nicht mit hinreichender Sicherheit überschauen kann, welche ihn betreffenden Informationen in bestimmten Bereichen seiner sozialen Umwelt bekannt sind und wer das Wissen möglicher Kommunikationspartner nicht einigermaßen abzuschätzen vermag, kann in seiner Freiheit wesentlich gehemmt werden, aus eigener Selbstbestimmung zu planen oder zu entscheiden ... Wer unsicher ist, ob abweichende Verhaltensweisen jederzeit notiert und als Information dauerhaft gespeichert, verwendet oder weitergegeben werden, wird versuchen, nicht durch solche Verhaltensweisen aufzufallen.*“[2]

II. Funktionen der Grundrechte

Die meisten Grundrechte zielen primär auf ein Unterlassen des Staates. Sie verschaffen dem Grundrechtsträger damit einen Freiraum gegen staatliche Einwirkungen und sichern so seine Freiheit. Da die Grundrechte mit dieser Funktion den Grundrechtsträger zur Abwehr freiheitsbeschränkender staatlicher Eingriffe befähigen, werden sie als *Freiheitsrechte* und als *Abwehrrechte* bezeichnet.

Grundrechte mit primärer Leistungsfunktion (*Leistungsgrundrechte*) sichern dem Grundrechtsinhaber bestimmte Leistungen des Staates: der Staat hat nichts zu unterlassen, sondern etwas zu tun, z.B. rechtliches Gehör zu gewähren oder eine Geldleistung zu erbringen. Diese Leistung kann in der Verfassung nur ihrer Art und ihrem allgemeinen Umfang nach gekennzeichnet sein. So können in der Verfassung beispielsweise Form und Ausführlichkeit des zu gewährenden rechtlichen Gehörs nicht für jede Situation sowie die grundrechtlich verbürgte Beamtenbesoldung nicht für jede Beamtengruppe nach Euro und Cent angegeben sein. Ferner steht dem grundrechtlichen Leistungsanspruch, soweit er auf Geld gerichtet ist, das ebenfalls verfassungsrechtlich garantierte Budgetrecht des Parlaments[3] gegenüber. Deshalb ist bei den Leistungsgrundrechten prinzipiell eine *Konkretisierung des zu Leistenden* durch den einfachen Gesetzgeber erforderlich. Damit sind die Leistungsgrundrechte nicht, wie die Freiheitsrechte, sich unmittelbar selbst verwirklichende Rechte.

Den Leistungsrechten nahe stehen die *Teilhaberechte*. In dieser Funktion garantiert das Grundrecht eine Teilhabe an und damit den Zugang zu staatlichen Einrichtungen, etwa Bildungseinrichtungen und Bildungsgängen, insbesondere, wenn der Staat ein rechtliches oder faktisches Ausbildungsmonopol, das nicht ohne Weiteres aufgegeben werden kann, für sich in Anspruch genommen hat. Ein Grundrecht kann neben seiner Primärfunktion auch eine *Sekundärfunktion* haben, die bei einem anderen Grundrecht durchaus die Primärfunktion sein kann. Während z.B. die Beeinträchtigung oder Missachtung der Wahl der be-

---

2 *BVerfG*, Urt. v. 15.12.1983 – 1 BvR 209/83 (Volkszählung) – E 65, 1.

3 Vgl. Art. 110 GG.

rufsbezogenen Ausbildungsstätte mittels Eingriff in diese Wahl, etwa durch „Zuweisung" an eine bestimmte Universität, unter Berufung auf das Freiheitsrecht des Art. 12 II 1 GG auf freie Wahl der Ausbildungsstätte abgewehrt werden kann, lässt sich der Anspruch auf sachgerechte Auswahl unter den Bewerbern, den der von der gewählten Hochschule wegen Kapazitätserschöpfung abgelehnte Studienbewerber hat, eher aus der Teilhabefunktion des Art. 12 I 1 GG herleiten.

Der Statuierung eines grundrechtlichen Abwehrrechts liegt eine *Wertentscheidung* des Verfassungsgebers zugrunde, wonach diesem mit grundrechtlichem Schutz ausgestatteten Schutzgut ein herausgehobener Rang zukommt. Diese Wertschätzung lässt sich auch in anderer Richtung als der der Abwehr staatlichen Handelns aktivieren, vorrangig i.S. einer staatlichen *Schutzpflicht* für das Schutzgut. Diese kann es dem Gesetzgeber gebieten, rechtliche Regelungen so auszugestalten, dass die Gefahr von Grundrechtsverletzungen, auch durch private Dritte, eingedämmt bleibt. Als Beispiele sind zu nennen Gesetze, die den Bau, den Betrieb und die Überwachung von Kernkraftwerken regeln, sowie Normen über die Strafbarkeit bzw. Straflosigkeit des Schwangerschaftsabbruchs.

Die Grundrechte des Grundgesetzes wurden vom Verfassungsgeber unter dem Eindruck der damals erst 4 Jahre zurückliegenden nationalsozialistischen Gewalt- und Willkürherrschaft formuliert und in Kraft gesetzt. Auf diesen Zusammenhang ist bei der Interpretation der Grundrechte, etwa des Art. 1 I GG (Würde des Menschen), Art. 2 II GG (Recht auf Leben und körperliche Unversehrtheit) und des Grundrechts auf Asyl, Art. 16a GG, früher Art. 16 II 2 GG, immer wieder hingewiesen worden.

III. Voraussetzungen und Formen eines zulässigen Eingriffs in den Schutzbereich der Grundrechte

Das Verständnis der Grundrechte in Rechtsprechung und Rechtswissenschaft fußt inzwischen auf einer mehr als 60 Jahre währenden Auslegung und Anwendung dieser Rechte, viele früher bestehende Zweifel sind ausgeräumt. Dies gilt insbesondere für die Schutzbereiche der Grundrechte. Auf diesem Felde werden nur noch selten gänzlich neue Erkenntnisse gewonnen. Anderes gilt demgegenüber zum einen für die Formen, in denen eine Beeinträchtigung des Schutzbereichs stattfinden kann. Ist es beispielsweise eine Beeinträchtigung einer grundrechtlich garantierten Betätigung, wenn an deren Nichtausübung staatlicherseits ein Vorteil geknüpft wird?[4] Ist es ein Eingriff in die Berufsfreiheit der in einer Namensliste *nicht* aufgeführten Unternehmensberater, wenn eine staatliche Stel-

4 Sog. influenzierende Einwirkung.

le diese Liste Bewerbern um ein staatliches Wirtschaftsförderungsprogramm auf Anfrage übermittelt?[5]

Schwierige Fragen stellen sich zum anderen zu den *Eingriffsberechtigungen*, besser: *Berechtigungen für die Beeinträchtigung*, die angesichts der erwähnten Weite der Schutzbereiche inzwischen wohl den Schwerpunkt der verfassungsrechtlichen und verfassungsgerichtlichen Prüfungen bilden.

Gesichert ist, dass gezielte Eingriffe nur aufgrund eines Gesetzesvorbehalts und aufgrund kollidierenden Verfassungsrechts zulässig sind.

1. Grundrechte mit Gesetzesvorbehalt

Gesetzesvorbehalt bedeutet, dass die betreffende Grundrechtsnorm den Gesetzgeber zu einer Beschränkung, Regelung, Beeinträchtigung oder zu Ähnlichem in Bezug auf den Schutzbereich des Grundrechts ausdrücklich ermächtigt. Der Vorbehalt kann eine Einschränkung des Grundrechts unmittelbar durch Gesetz oder aufgrund einer gesetzesgestützten Rechtsverordnung vorsehen. Bei der Auslegung des das Grundrecht einschränkenden Gesetzes muss eben diese grundrechtseinschränkende Wirkung in Richtung hin auf eine restriktive Interpretation berücksichtigt werden.

2. Grundrechte ohne Gesetzesvorbehalt

Die Freiheit aus Grundrechten, die nicht mit einem Gesetzesvorbehalt versehen sind, findet ihre Grenze in den Grundrechten anderer Grundrechtsinhaber sowie in sonstigen Rechtsgütern, soweit letztere gleichfalls Verfassungsrang haben. Der Konflikt kann also zwischen mehreren Trägern eines vorbehaltlos gewährten Grundrechts sowie zwischen einem solchen Grundrecht und anderen verfassungsrechtlich geschützten Gütern bestehen. Er ist nach dem Prinzip der praktischen Konkordanz zu lösen. Dieses Prinzip fordert, dass nicht eine der widerstreitenden Rechtspositionen bevorzugt und maximal behauptet wird, sondern beide einen möglichst schonenden Ausgleich erfahren. Diese Konkordanz zu schaffen, obliegt dem parlamentarischen Gesetzgeber. Er muss einen für alle tragbaren Kompromiss finden, bei dem ein größtmöglicher Teil des verfassungsrechtlichen Schutzgutes bzw. bei jedem Grundrechtsinhaber ein größtmöglicher Teil der grundrechtlichen Freiheit erhalten bleibt.

Die Rechtsfigur der praktischen Konkordanz hat das *BVerfG* auch bei seiner Entscheidung im sog. Kopftuchstreit[6] herangezogen.

Einer gebürtigen Afghanin, die als Kind nach Deutschland gekommen war und hier die Ausbildung für das Lehramt erfolgreich absolviert hatte, war die

---

5 *BVerwG*, Urt. v. 17.12.1991 – 1 C 5/88 – E 89, 281.

6 *BVerfG*, Urt. v. 24.09.2003 – 2 BvR 1436/02 (Kopftuch für Lehrerin) – E 108, 282.

Übernahme in ein Beamtenverhältnis zu einem deutschen Bundesland abgelehnt worden, weil sie ungeeignet sei, an einer zu religiöser Neutralität verpflichteten staatlichen Schule zu unterrichten. Sie hatte nämlich angekündigt, auch im Unterricht das muslimische Kopftuch zu tragen. Das *BVerfG*[7], das der nach Erschöpfung des fachgerichtlichen Rechtsweges erhobenen Verfassungsbeschwerde stattgab, hat wie folgt argumentiert:

Der jungen Frau sei auch in dem angestrebten Amt als Lehrerin das Tragen des muslimischen Kopftuchs, wozu sie sich nach ihrem Glaubensverständnis verpflichtet fühle, durch das Grundrecht der Religions- und Bekenntnisfreiheit garantiert. Allerdings trete dieses Grundrecht der Verfassungsbeschwerdeführerin in Widerstreit zu dem religiöser Neutralität verpflichteten staatlichen Erziehungsauftrag, zur negativen Religionsfreiheit der Schüler, in der staatlichen Pflichtschule nicht Äußerungen und Manifestationen einer Religion ausgesetzt zu sein, die sie nicht teilen oder gar ablehnen. In derselben Weise sei das Recht der Eltern dieser Schüler beeinträchtigt, zu bestimmen, welche Religion ihren Kindern nahe gebracht werde. Der Widerstreit dieser Grundrechtspositionen müsse durch ein Gesetz des parlamentarischen Gesetzgebers aufgelöst werden. Solange es ein solches Gesetz nicht gebe, könne es nicht als Eignungsmangel der Bewerberin gewertet werden, dass sie auf der Wahrnehmung ihres Grundrechts aus Art. 4 I GG bestehe.

Die Annahme, es bestehe eine Kollision der Grundrechte von Schülern und Eltern mit einem zu berücksichtigenden Grundrecht auf Religionsfreiheit auf Seiten der potenziellen Beamtin, ist anfechtbar: Grundrechte sind auf den Staat gerichtete Abwehrrechte, die die Freiheit des Bürgers gegenüber staatlichen Eingriffen schützen sollen. Im Verhältnis Staat-Bürger ist der Staat Grundrechtsverpflichteter. Der Staat kann den Grundrechten des Bürgers folglich nicht seinerseits Grundrechte entgegenhalten, sondern ist darauf beschränkt, Grundrechtseingriffe durch sonstige Verfassungsgüter zu rechtfertigen. In punkto „Grundrechtsverpflichteter" ist der Staat, der ja nur eine juristische Person ist, mit seinen Organwaltern, den staatlichen Bediensteten, identisch. Diese sind im Verhältnis zu den Bürgern als Grundrechtsträgern nicht ebenfalls Träger von Grundrechten, die mit den Grundrechten der Bürger kollidieren, sodass diese Grundrechte mittels der Rechtsfolge der praktischen Konkordanz eine Minderung erfahren können.

---

7 *BVerfG* (Anm. 6), E 108, 282.

3. Beschluss des BVerfG vom 4. November 2009

In seinem Beschluss vom 4. November 2009[8] hat das *BVerfG* seine Rechtsprechung zum Gesetzesvorbehalt bei Art. 5 I 1 GG, der Freiheit der Meinungsäußerung, um eine bemerkenswerte Nuance ergänzt.

Es ging um eine Verfassungsbeschwerde gegen ein Urteil des *BVerwG*, das, ebenso wie die Vorinstanzen, das behördliche Verbot einer Gedenkveranstaltung für den toten *Rudolf Heß*, einen ehemaligen hohen Nazi-Funktionär („Stellvertreter des Führers“), bestätigt hatte. Die Verbotsverfügung war darauf gestützt, dass durch die geplante Veranstaltung der Tatbestand des § 130 IV StGB verwirklicht werde. § 130 IV StGB bedroht denjenigen mit Strafe, der die nationalsozialistische Gewalt- und Willkürherrschaft billigt, verherrlicht oder rechtfertigt.

Die Meinungsfreiheit nach Art. 5 I 1 GG steht nach Art. 5 II 1 GG u.a. unter dem Vorbehalt der *allgemeinen Gesetze.* Unter allgemeinen Gesetzen sind nach der ständigen Rechtsprechung solche Gesetze zu verstehen, die nicht eine Meinung als solche verbieten, sondern dem Schutz eines schlechthin – ohne Rücksicht auf eine bestimmte Meinung – zu schützenden Rechtsguts dienen. In Anwendung dieser Definition stuft das *BVerfG* § 130 IV StGB zu Recht als *nichtallgemeines Gesetz* ein. Die Vorschrift pönalisiert Meinungsäußerungen, die sich allein aus einer bestimmten Deutung der Geschichte und einer entsprechenden Haltung dazu ergeben können. Sie ist Sonderrecht zur Abwehr der Äußerung einer – als friedensgefährdend erachteten – bestimmten Meinung.

Das *BVerfG* erkennt der Vorschrift des § 130 IV StGB ungeachtet ihres Charakters eines nichtallgemeinen Gesetzes Verfassungskonformität zu. Denn dem Grundgesetz, das bewusst als Gegenmodell zu der zwischen 1933 und 1945 real gewordenen nationalsozialistischen Gewalt- und Willkürherrschaft konzipiert wurde, sei es immanent, dass das Erfordernis der Allgemeinheit meinungsbeschränkender Gesetze für solche Normen nicht gelte, die darauf abzielen, dass die nationalsozialistische Gewaltherrschaft propagandistisch gebilligt wird. Eine solche Äußerung sei mit sonstigen Meinungsäußerungen nicht vergleichbar und entziehe sich letztlich – darauf läuft die Argumentation des *BVerfG* hinaus – einer Einordnung in die Schrankensystematik des Art. 5 II GG.

Gegen diese Entscheidung scheinen mir folgende Einwände denkbar:

Die aus einer Art Gesamtschau der Verfassung hergeleitete Durchbrechung des Wortlauts des Art. 5 II 1 GG erinnert ein wenig an die Rechtsfigur des strafrechtlichen „übergesetzlichen Notstandes“, hier wäre es eine „überverfassungs-

---

8 *BVerfG*, Beschl. v. 04.11.2009 – 1 BvR 2150/08 (Heß-Gedenkveranstaltung) – E 124, 300.

rechtliche Ausnahme". Ferner stützt das *BVerfG* sein Ergebnis auch wesentlich auf die subjektive Auslegung der Verfassung, also auf eine Auslegungsmethode, der es sonst eher geringen Erkenntniswert beimisst. Könnte man die Argumentation nicht auch wie folgt umdrehen: Wenn die Verfassungsväter, die ihren Willen zur radikalen Abkehr von dem überwundenen Nazi-Regime so deutlich geäußert haben, dennoch im Text der Verfassung vom Erfordernis der Allgemeinheit des meinungsbeschränkenden Gesetzes keine Ausnahme formuliert haben, dann wollten sie eine solche auch nicht in Bezug auf Äußerungen, die das Dritte Reich verherrlichen. Ferner: Liegt darin, dass zur Lösung eines rechtlichen Konflikts nicht auf die einschlägige Verfassungsnorm, sondern auf ein allgemeines Grundprinzip der Verfassung oder dergleichen abgestellt wird, nicht ein letztlich rechtsfernes, dem politischen Freund-Feind-Schema angenähertes Denken? Erscheint es auch nicht allzu feingesponnen, zwischen der Gutheißung der historisch realen nationalsozialistischen Gewaltherrschaft einerseits und der nach der Auffassung des *BVerfG* von Art. 5 I GG gedeckten zustimmenden Bewertung von Maßnahmen des nationalsozialistischen Regimes andererseits zu unterscheiden? Und schließlich und abschließend: Könnte man die Äußerungen, in denen ein paar Dutzend Neo-Nazis *Rudolf Heß* an seinem Grab als „Mann von Ehre" und „Friedensflieger" titulieren, nicht schlicht als eine Meinungsäußerung ansehen, der, wie es das *BVerfG*[9] bei abstrusen Meinungsäußerungen für durchaus angebracht erklärt, mit bürgerschaftlichem Engagement begegnet und in Freiheit die Gefolgschaft verweigert wird?

9 *BVerfG* (Anm. 8), E 124, 300.

Rechtsschutz in Deutschland

*Matthias Dombert**

Rechtsschutz in Deutschland wird durch eine institutionelle und eine personelle Komponente geschaffen. Den institutionellen Rahmen bilden verfassungsrechtlich Art. 19 IV GG und Art. 103 I GG. Nach Art. 103 I GG hat jedermann Anspruch auf rechtliches Gehör. Art. 19 IV GG gewährleistet, dass der Rechtsweg offen steht, wenn jemand durch die öffentliche Gewalt in seinen Rechten verletzt wird. Ergänzt wird das Rechtsschutzsystem durch die Bestimmung des Art. 101 I 2 GG, nach der niemand seinem gesetzlichen Richter entzogen werden darf. Damit ist zugleich die personelle Komponente angesprochen. Die Verwirklichung des Rechtsschutzes, seine Konkretisierung in der gerichtlichen Praxis ist Richtern anvertraut. Es ist Aufgabe des Art. 97 GG, hierfür die Voraussetzungen zu schaffen.

IV. Der institutionelle Rahmen

1. Rechtswegeröffnung

Art. 19 IV 1 GG ordnet an, dass der Rechtsweg offen steht, wenn jemand durch die öffentliche Gewalt in seinen Rechten verletzt wird. Die Tatsache, dass die Norm damit schon vom Wortlaut her jedermann einbezieht, macht deutlich, dass die Rechtsweggarantie gegen die öffentliche Gewalt auch für Ausländer und Staatenlose gilt.[1] Sie gilt zudem auch für inländische juristische Personen des Privatrechts i.S.d. Art. 19 III GG und schützt gegenüber Rechtsverletzungen, gegenüber Handlungen des Bundes und der Länder sowie von Körperschaften, Anstalten und Stiftungen des öffentlichen Rechts. Deutlich wird aber hieran: Art. 19 IV GG schützt nicht gegen den Richter. Die Rechtsprechung ist vom umfassenden Begriff der öffentlichen Gewalt als Staatsfunktion ausgenommen. Art. 19 IV GG will Rechtsschutz durch den Richter, nicht gegen den Richter bieten.[2]

---

* *Dr. iur. Matthias Dombert* ist Rechtsanwalt und Fachanwalt für Verwaltungsrecht, Honoraprofessor an der Juristischen Fakultät der Universität Potsdam und Richter am *LVerfG Bbg* a.D.

1 *BVerfG*, Beschl. v. 18.07.1973 – 1 BvR 23, 155/73, u.a. (Palästinenserbeschluß) – E 35, 382 (401).

2 *BVerfG*, Beschl. v. 05.02.1963 – 2 BvR 21/60, u.a. (Verwaltungsakt) – E 15, 275 (280) und Beschl. v. 20.06.1967 – 2 BvL 10/64, u.a. (Steuerausschuss) – E 22, 106 (110).

2. Umfang der verfassungsrechtlichen Rechtsschutzgewährleistung

Wenn Art. 19 IV 1 GG anordnet, dass der *„Rechtsweg offen stehen"* muss, ist damit gemeint, dass der Bürger die Möglichkeit haben muss, eine Entscheidung durch ein deutsches Gericht herbeizuführen, wenn er eine Verletzung seiner Rechte durch die öffentliche Gewalt geltend macht. Derzeit wird Rechtsschutz in Deutschland durch insgesamt 5 Gerichtsbarkeiten und ein im Regelfall 3-zügiges Instanzensystem gewährleistet. Allerdings fordert Art. 19 IV GG keinen bestimmten Instanzenzug. Eröffnet das Prozessrecht aber eine weitere Instanz, so gewährleistet Art. 19 IV 1 GG in diesem Rahmen die Effektivität des Rechtsschutzes i.S.e. Anspruches auf eine wirksame gerichtliche Kontrolle.[3] Dementsprechend ist es verfassungsrechtlich nicht zu beanstanden, wenn nur eine gerichtliche Instanz eröffnet wird, gegen die ein Rechtsmittel dann nicht gegeben ist. Allerdings ist verfassungsrechtlich eine vollständige Überprüfung in rechtlicher und tatsächlicher Hinsicht geschuldet.[4] Art. 19 IV GG verhindert, dass das Gericht seinerseits an die behördlichen Feststellungen und Wertungen der kontrollierten Exekutive gebunden sein kann.[5] Es muss *„die tatsächlichen Grundlagen selbst ermitteln und seine rechtliche Auffassung unabhängig von der Verwaltung, deren Entscheidung angegriffen ist, gewinnen und begründen"*[6].

3. Rolle des Richters

Der Richter, der die Überprüfung in tatsächlicher und rechtlicher Hinsicht zu gewährleisten hat, muss nach allgemeinen Grundsätzen bestimmt werden. Aus Art. 101 I GG ergibt sich, dass von Verfassungs wegen allgemeine Regelungen darüber bestehen müssen, welches Gericht, welcher Spruchkörper und welcher Richter zur Entscheidung des Einzelfalles berufen sind.[7] Die Entscheidungsbefugnis des Richters im konkreten Fall muss sich möglichst eindeutig aus generellen Vorschriften, nämlich aus der Zuständigkeitsregelung der Prozessgesetze und dem Geschäftsverteilungsplan des zuständigen Gerichts ableiten lassen.[8]

---

3 *BVerfG*, Beschl. v. 30.04.1997 – 2 BvR 817/90, u.a. (Durchsuchungsanordnung) – E 96, 27 (39).

4 *BVerfG* (Anm. 2) – E 15, 275 (282); Beschl. v. 19.06.1973 – 1 BvL 39/69, u.a. (Nachbarklage) – E 35, 263 (274); Beschl. v. 08.07.1982 – 2 BvR 1187/80, u.a. (Sasbach) – E 61, 82 (111); Urt. v. 20.02.2001 – 2 BvR 1444/00, u.a. (Wohnungsdurchsuchung) – E 103, 142 (156).

5 *BVerfG*, Beschl. v. 10.12.2009 – 1 BvR 3151/07 – NVwZ 2010, S. 435 (437); wie hier auch *Enders*, in: Epping/Hillgruber, BeckOK, GG, Art. 19 Rn. 74.

6 *BVerfG*, Beschl. v. 27.10.1999 – 1 BvR 385/90, u.a. (Verwaltungsbehörde) – E 101, 106 (123).

7 *BVerfG*, Beschl. v. 08.02.1967 – 2 BvR 235/64 – E 21, 139.

8 *BVerfG*, Beschl. v. 24.03.1964 – 2 BvR 42/63, u.a. (Gechäftsverteilungsplan) – E 17, 294 (298 f.).

Eng verbunden mit dem Recht auf den „gesetzlichen Richter" ist die Feststellung, dass Art. 101 I 2 GG den Prozessparteien einen Anspruch darauf verschafft, dass nur Richter entscheiden, die unabhängig und unparteilich sind und Gewähr für Neutralität und Objektivität bieten. Der Gesetzgeber hat deshalb Vorsorge dafür zu treffen, dass die Richterbank nicht mit Richtern besetzt ist, die den Streitfall nicht mit der erforderlichen professionellen Distanz von Unbeteiligten und Neutralen entscheiden.[9] Dementsprechend müssen die Prozess- und Gerichtsordnungen Vorsorge dafür bieten, dass Richter ausgeschlossen oder abgelehnt werden können, die diese Gewähr der Neutralität und Unvoreingenommenheit nicht bieten.[10] Dies bedeutet nicht, dass nicht per Gesetz auch Personen das Richteramt ermöglicht wird, die kraft besonderer Sachkunde prädestiniert sind, als Richter tätig zu sein. So ist es verfassungskonform, dass etwa beim *BGH* im Anwaltssenat auch Rechtsanwälte als Richter mitwirken.[11]

4. Überlange Verfahrenslaufzeiten

Probleme in Bezug auf die Rechtsschutzgewährung schaffen die langen Laufzeiten insbesondere der Finanz- und Verwaltungsgerichte. Die überlange Dauer der Verfahren in der Bundesrepublik hat dazu geführt, dass der *EGMR* die Bundesrepublik schon seit Jahren dazu aufgefordert hat, wirksame Rechtsbehelfe vorzusehen, mit denen Rechtssuchende gegen gravierende gerichtliche Verfahrensverzögerungen vorgehen können. Dem ist jetzt Rechnung getragen worden. Am 2. Dezember 2011 ist im Bundesgesetzblatt das Gesetz über den Rechtsschutz bei überlangen Gerichtsverfahren und strafrechtlichen Ermittlungsverfahren verkündet worden. Es sieht für überlange Gerichtsverfahren einen Entschädigungsanspruch für Prozessbeteiligte vor und will gleichzeitig präventiv dadurch wirken, dass eine „Verzögerungsrüge" eingeführt wird.

5. Nationales Recht im europäischen Kontext

Neuartige Herausforderungen im Rechtsschutz der Bundesrepublik werden vor allem durch das Verhältnis zum *EuGH* geschaffen. Insbesondere wenn die Behörden und Gerichte Deutschlands europäisches Recht anwenden müssen, taucht die Frage auf, ob und inwieweit noch eine Kontrolle durch nationale Gerichte möglich ist. Diese Frage ist nach wie vor nicht abschließend entschieden. Davon auszugehen ist, dass gegenüber Maßnahmen der in Deutschland ausgeübten Gewalt der europäischen Gemeinschaft vorrangig Rechtsschutz auf der Ebene der EU eingreift. Deutsche Fachgerichte sollen nach Art. 19 IV GG Gemeinschaftsrecht an den Gemeinschaftsgrundrechten messen und ggf. eine Vorabent-

---

9 So *Degenhart*, in: Sachs, Grundgesetz, 6. Aufl. 2011, Art. 101 Rn. 9.

10 Dazu etwa *BVerfG*, Beschl. v. 23.9.1997 – 1 BvR 116/94 – NJW 1998, S. 369.

11 *BVerfG*, Beschl. v. 11.06.1969 – 2 BvR 518/66, u.a. (Ehrengerichte) – E 26, 186 (193).

scheidung des *EuGH* herbeiführen müssen.[12] Allerdings hat das *BVerfG* deutlich gemacht, dass es zur Wahrung des Grundgesetzes auch gegenüber solchen Maßnahmen der deutschen öffentlichen Gewalt verpflichtet ist, die die innerstaatliche Geltung von Gemeinschafts- oder Unionsrecht begründen oder Gemeinschafts- oder Unionsrecht umsetzen.[13]

V. Der Richter als personelle Komponente im Rechtsschutzsystem

Jedes System kann seine Effektivität nur dann entfalten, wenn der so dargestellte Rahmen sich auch in der täglichen Praxis bewährt. Effektiver Rechtsschutz kann nur durch unabhängige Richter gewährt werden.[14] Das Grundgesetz gibt die Bedeutung dieser Feststellung dadurch wieder, dass dem Richter und seiner Unabhängigkeit eine eigene Verfassungsbestimmung gewidmet ist. Art. 97 I GG sieht zunächst vor, dass die Richter *„unabhängig und nur dem Gesetz unterworfen"* sind, sichert aber auch ihre eigene Rechtsstellung ab, wenn Art. 97 II GG bestimmt, dass die *„hauptamtlich und planmäßig endgültig angestellten Richter"* gegen ihren Willen *„nur kraft richterlicher Entscheidung und nur aus Gründen und unter den Formen, welche die Gesetze bestimmen, vor Ablauf ihrer Amtszeit entlassen oder dauernd oder zeitweise ihres Amtes enthoben oder an eine andere Stelle oder in den Ruhestand versetzt werden"* können.

Wenn die Richter aber damit unabhängig und nur dem Gesetz unterworfen sind, stehen sie gleichwohl in einem öffentlich-rechtlichen Dienst- und Treueverhältnis zum Staat. Aus diesem folgen spezifische Dienstpflichten, deren Einhaltung durch die Dienstaufsicht zu gewährleisten ist. Allerdings darf die Dienstaufsicht die richterliche Unabhängigkeit nicht beeinträchtigen, was durch die Bestimmungen des DRG ausdrücklich klargestellt wird.[15] Zu den Dienstpflichten des Richters gehört es, die staatliche, auf Verfassung und einfachem Recht gründende Verpflichtung gegenüber dem Bürger zur Justizgewähr zu erfüllen. Mit der Dienstaufsicht geht es regelmäßig um die Einhaltung und Gewährung von Rechtsschutz.[16] Ein Richter, der sich wegen wirklicher oder vermeintlicher Überlastung dazu entschließt, bestimmte Fälle nicht zu bearbeiten, verletzt objektiv seine Dienstpflichten. Dieser Dienstpflichtverstoß kann ihm vorgehalten werden. Der Richter ist somit nicht darin frei, untätig zu bleiben. Ihm obliegt es, den Anspruch auf effektiven Rechtsschutz nach Art. 19 IV GG durchzusetzen.

---

12 *BVerfG*, Beschl. v. 13.03.2007 – 1 BvF 1/05, u.a. (Emissionshandel) – E 118, 79 (97).

13 *BVerfG*, Beschl. v. 06.07.2010 – 2 BvR 2661/06, u.a. (Mangold-Urteil) – E 126, 286.

14 *Papier*, Richterliche Unabhängigkeit und Dienstaufsicht, in: NJW 1990, S. 8 (9).

15 Vgl. § 26 I DRG.

16 Ausführlich dazu *Papier* (Anm. 14), NJW 1990, S. 8 (9 ff.).

Die Rechte des Menschen und ihr Schutz durch das Verfassungsgericht der Russischen Föderation

*Svetlana Narutto**

Die Russische Verfassung erklärt – wie viele andere moderne Verfassungen – den Menschen, sein Leben, seine Rechte und Freiheiten zu unverrückbaren Werten (Art. 2) und enthält einen umfangreichen Katalog der Rechte und Freiheiten der Persönlichkeit, der dem allgemein anerkannten internationalen Standard entspricht.

I. Auslegung und Handhabung der Rechte und Freiheiten

Die Verfassungsformulierungen haben einen sehr allgemeinen Charakter und zeichnen sich durch Lakonik und sogar Abstraktion aus, was ihre Handhabung durch die sie konkretisierende Gesetzgebung, die Gerichtspraxis und die Wissenschaft (nicht nur die Rechtswissenschaft, sondern auch die Philosophie und die Politologie) bei der Ausfüllung des Inhalts dieser oder anderer verfassungsrechtlicher Rechte und Freiheiten bedingt. Aber die Doktrin ist nicht nur rechtswissenschaftlich, sondern auch politologisch gemeint.

1. Aufdeckung des Inhalts der Grundrechte

Jedes verfassungsmäßige Recht oder jede verfassungsmäßige Freiheit haben ihre eigene inhaltliche Spezifik und ihren Mechanismus der Verwirklichung. Für den wirkungsvollen Schutz und die Wiederherstellung des verletzten Rechts muss man den Inhalt des Verfassungsrechts kennen und seine Bestandselemente ausgliedern. Zum Beispiel sieht das Recht jedes Menschen auf Gerichtsschutz seiner Rechte und Freiheiten, der durch den Teil 1 Art. 46 der Verfassung der RF garantiert ist, nicht einfach die Möglichkeit des Menschen vor, sich an das Gericht zu wenden, sondern umfasst sein Recht auf ein gerechtes und effektives Gerichtsverfahren (zugängliche, kompetente, streitige und schnelle Gerichtsverhandlung der Angelegenheit durch ein objektives und unabhängiges Gericht), das mit der Entscheidung des Gerichts endet.

Um den Inhalt eines Grundrechts zu erschließen, muss man die ihn anfüllenden Elemente von den sog. „gewöhnlichen“ (laufenden, zweigmäßigen)

---

* *Dr. iur. Svetlana Narutto* ist Professorin am Lehrstuhl für Verfassungs- und Kommunalrecht der Russischen Föderation an der MGJuA.

Rechten unterscheiden, die von den Grundrechten und Freiheiten abgeleitet werden und sie zu einem bestimmten Teil konkretisieren, detaillieren und mit zusätzlichem Sinn erfüllen. Es geht darum, dass die Rechte, die nicht verfassungsmäßig festgelegt sind und nicht unter die charakteristischen Grundrechte und Freiheiten des Menschen subsumiert werden können, vom Gesetzgeber abgeschafft werden können, z.B. das Recht auf unentgeltliche Privatisierung der Wohnung. Das *Verfassungsgericht der RF* hat darauf hingewiesen, dass dieses Recht von dem Bürger kraft Gesetzes erworben wird und von seinem Status als Mieter des Wohnraums abgeleitet wird; unter entsprechenden Voraussetzungen kann der Gesetzgeber die rechtliche Regelung ändern und das vorliegende Recht abschaffen.[1]

Es scheint, dass eine eindeutige Abgrenzung zwischen den Rechten, die das Grundrecht anreichern, und den gewöhnlichen Rechten Schwierigkeiten bereitet. Z.B. ist zu klären, ob das Recht auf Gerichtsschutz das Recht der Parteien des Strafverfahrens auf Einsicht in die Dokumente einschließt, die das Ergebnis fixieren, wie die Beisitzer ausgewählt werden. Seinerzeit gab das *Verfassungsgericht der RF* in der Sache des Bürgers *S. W. Posokhov* eine verneinende Antwort auf diese Frage. Es meinte, dass das Verfahren der Auswahl der Gerichtsbeisitzer nicht in ein verfassungsmäßiges Recht des Menschen eingeht und die Angeklagten keine Kontrolle über die Einhaltung der Ordnung der Einbeziehung der Gerichtsbeisitzer zur Erörterung von Strafrechtsangelegenheiten durchführen können.[2] Aber *Posokhov* wandte sich an den *EGMR*, der eine Verletzung des Rechts auf den Gerichtsschutz konstatierte.[3]

Zur Aufdeckung des Inhalts eines Grundrechts sind verschiedene Herangehensweisen der Staaten möglich – unter Berücksichtigung der Besonderheiten ihrer Rechtssysteme, der Mentalität u.a.m. Aber heute gelingt es den Staaten, sich auf prinzipielle Positionen zu verständigen, die den Inhalt dieses oder jenes Rechts betreffen, unabhängig davon, in welchem Land es festgeschrieben ist.

2. Konkurrenz zwischen Grundrechten und Verfassungswerten

Das folgende Problem ist mit der Konkurrenz zwischen den Verfassungsrechten und anderen verfassungsmäßigen Werten verbunden. Die grundlegenden Rechte der Persönlichkeit konkurrieren miteinander und mit den durch die Verfassung der RF geschützten öffentlichen Interessen. Der Gesetzgeber und der Gesetzesanwender müssen ein vernünftiges Gleichgewicht dieser Werte suchen. Man kann einen rationalen Kompromiss nur erreichen, wenn ein Recht zugunsten des

---

1 *Verfassungsgericht der RF*, Beschl. v. 15.06.2006, Nr. 6-P.

2 *Verfassungsgericht der RF*, Verfügung v. 02.04.2001, Nr. 91-0.

3 *EGMR*, Urt. v. 04.03.2003 zur Angelegenheit „Posokhov gegen Russland“, Beschwerde Nr. 63486/00.

anderen aufgehoben wird. Aber dabei müssen Flexibilität und individuelles Herangehen entwickelt und die tatsächlichen Verhältnisse der konkreten Sache berücksichtigt werden. In diesem Falle bedeutet die Beschränkung eines Grundrechts für die vollständige Verwirklichung eines anderen Rechts, das in dieser konkreten Situation eine größere Bedeutung für das Individuum und die Gesellschaft hat, keine Rechtsverletzung.

3. Praktische Anwendungsfälle zur Konkurrenz

In der Praxis des *Verfassungsgerichts der RF* gibt es viele Beispiele der Betrachtung von Angelegenheiten, die mit der Konkurrenz von Grundrechten verknüpft sind.

In einer dieser Angelegenheiten hatte es das *Verfassungsgericht der RF* mit der Konkurrenz des Rechts auf Schutz der Würde der Persönlichkeit, des Rechts auf Freiheit und Unantastbarkeit der Person und des Rechts auf qualifizierte juristische Hilfe zu tun. In ihrer Beschwerde focht die Bürgerin *I. P. Kirjuchina* die Verfassungsmäßigkeit der Durchführung der Verwaltung der Erziehungsanstalten (Gefängnisse) an, d.h. die Kontrolle von Rechtsanwälten und ihrer Transportmittel, sowie die Konfiskation von mitgeführten verbotenen Gegenständen und Dokumenten. Das *Verfassungsgericht der RF* wies darauf hin, dass das der Verfassung nicht widerspricht, aber unter der Voraussetzung, dass die Verwaltung der Erziehungsanstalt eine solche Entscheidung nur dann treffen kann, wenn sie über Angaben verfügt, die das Vorhandensein von verbotenen Gegenständen beim Rechtsanwalt vermuten lassen. Im umgekehrten Fall können Hindernisse für die Rechtsanwälte geschaffen werden und es wird das Gleichgewicht der verfassungsmäßigen Werte verletzt. Zugleich wird das Verfassungsrecht des Verurteilten auf Erhalt qualifizierter juristischer Hilfe eingeschränkt.

Man kann noch ein Beispiel aus der Praxis des *Verfassungsgerichts der RF* anführen: Es betrifft die Parteiwahlen auf der kommunalen Ebene, bei denen zwei Verfassungsrechte zusammengestoßen waren, das Recht zu wählen und gewählt zu werden und das Recht auf örtliche Selbstverwaltung. Für eine geringe Zahl der kommunalen Gebilde erkannte das Gericht die Durchführung der kommunalen Wahlen ausschließlich nach dem proportionalen Wahlsystem als verfassungswidrig an.

4. Einschränkung der Grundrechte

Die Verfassung der RF gestattet die Begrenzung der Grundrechte und Freiheiten nur durch die Gesetzgebung ausschließlich auf föderaler Ebene, aber nicht durch untergesetzliche Rechtsakte. Im Zusammenhang damit ist die Verwirklichung der Regelung durch die verschiedenen Subjekte der Rechtsschöpfung praktisch immer mit der Begrenzung der Rechte und Freiheiten verbunden. Insbesondere legen die Subjekte der Föderation durch die regionalen Gesetze die administrative Verantwortlichkeit für Rechtsverletzungen fest.

Die föderalen Gesetze beauftragen häufig die Regierung der RF, die anderen Organe der Exekutivmacht und nicht nur die föderalen, sondern auch die Subjekte der RF und die Organe der örtlichen Selbstverwaltung, die gesetzgebenden Regelungen zu konkretisieren; dabei kommt es nicht selten vor, dass sie der Verfassung der RF widersprechen. Z.B. enthält das Föderale Gesetz „Über den Rechtsstatus der ausländischen Bürger in der Russischen Föderation" einen Artikel mit der Überschrift „Die Ordnung der administrativen Ausweisung eines ausländischen Bürgers aus der Russischen Föderation". Aber in diesem Artikel wird keine Ordnung festgesetzt, in ihm steht einfach geschrieben, dass die Polizei die Ausweisung aus Russland vornimmt. Konkret wird die Ausweisung durch den Minister des Inneren geregelt, und hier finden Begrenzungen der Menschenrechte statt.

Untergesetzliche Rechtsakte bestimmten bis vor kurzem auch die Ordnung der Unterbringung und des Aufenthalts der Menschen in medizinischen Ausnüchterungszellen, was unzweifelhaft unzulässig ist. Bis Mitte Oktober 2011 verblieben in Russland noch 12 Ausnüchterungszellen in der Einrichtung des Ministeriums des Inneren. Diese müssen liquidiert werden. Aber was der Staat in Bezug auf die betrunkenen Bürger weiter unternehmen wird, dazu hat die Regierungskommission noch keine eigene Position entwickelt. Es ist offensichtlich, dass man ohne nachgeordnete Regelungen nicht auskommt, aber es ist notwendig, Kriterien für ihre Zulassung festzusetzen. Die Verfassungsgerichtsbarkeit in Russland hat sich zu dieser Frage noch nicht geäußert.

Einschränkungen der Grundrechte können mit vernünftigen Zwecken gerechtfertigt werden, so z.B. Willkür und Diskriminierung nicht zu gestatten und den rechtlichen Schutz vor Missbrauch zu garantieren. Die Verfassung der RF zählt die Zwecke auf, im Namen derer die Einschränkung von Rechten und Freiheiten zulässig ist:

- Grundlagen der Verfassungsordnung;
- Gewährleistung der Verteidigung und der Sicherheit des Staates;
- Sittlichkeit;
- Gesundheit;
- Rechte und gesetzliche Interessen anderer Personen.

Beunruhigung ruft dabei ein solches Kriterium der Einschränkung der Rechte der Persönlichkeit hervor wie die Verteidigung und Sicherheit des Staates, das nicht allein zugunsten der Persönlichkeit und der Gesellschaft ausgelegt werden kann, sondern ausschließlich zum Nutzen des Staates wie z.B. in der Sache der Militärperson *K. A. Markin*, dem das *Verfassungsgericht der RF* das Recht auf Urlaub zum Zweck der Kindespflege bis zur Erreichung des 3. Lebensjahres verweigerte und darauf verwies, dass dieses Recht nur weiblichen Militärpersonen zusteht.[4] Aber vom *EGMR* wurde ein Urteil zugunsten von *Markin* und seines Rechts, mit seinen Kindern zusammen und glücklich zu sein, erlassen.[5]

II. Erfolge Russlands auf dem Gebiet des Schutzes der Grundrechte

Zweifellos hatte Russland viele Erfolge auf dem Gebiet des Schutzes der Grundrechte und Freiheiten der Persönlichkeit. Das Land hat sowohl bei der verfassungsmäßigen Regelung der Mechanismen des Schutzes der Rechte der Persönlichkeit als auch bei ihrer Verwirklichung einen großen Schritt voran gemacht. Die Annahme der neuen Verfassung der RF hatte dafür große Bedeutung, denn sie war auf die durch die fortschrittliche vaterländische und ausländische Doktrin und die durch die Praxis erprobten Formen und Arten des Schutzes der Rechte und Freiheiten des Menschen orientiert. Es wurden die Ämter des Menschenrechtsbeauftragten in der RF sowie des Beauftragten für die Rechte des Kindes eingerichtet. Analoge Ämter gibt es in den Subjekten der Föderation. Schon 20 Jahre existiert und wirkt das *Verfassungsgericht der RF*.

Man muss auch im Blick haben, dass Russland in den Europarat erst im Jahre 1996 eingetreten ist und bereits 1998 die Konvention ratifiziert hat. Wir brauchten nur 2 Jahre, während die anderen Staaten 20 Jahre und mehr für die Reformierung ihrer Gesetzgebung und ihrer Praxis benötigten.

Aktiv wurde das Gerichtsystem reformiert – es wurden Schiedsrichter, die Gerichte der Subjekte der RF, die Geschworenen und die Schiedsgerichtsbeisitzer eingeführt. Es wurden die Disziplinargerichtsbarkeit, das spezialisierte Schiedsgericht und das Gericht für Urheberrechte gegründet; es wird die vorgerichtliche Mediation eingesetzt. Viele Verfahrensregelungen wurden korrigiert. Eingeführt wird die „Automatisation“ in die Tätigkeit der Gerichte. Transparenz und Zugänglichkeit der gerichtlichen Beschlüsse werden gewährleistet. Diese vielen positiven Neueinführungen verlangen die weitere Entwicklung zur Gewährleistung der Unabhängigkeit der Gerichte und der Richter, der Transparenz ihrer Tätigkeit und der wirkungsvollen Durchsetzung von Gerichtsentscheidungen.

III. Grundrechtsschutz durch das Verfassungsgericht

Besondere Bedeutung für den Schutz der Rechte und Freiheiten der Persönlichkeit haben die Entscheidungen des *Verfassungsgerichts der RF*. Die Praxis des

---

4 *Verfassungsgericht der RF*, Verfügung v. 15.01.2009, Nr. 187-O-O.

5 *EuGH*, Beschl. v. 07.10.2010 zur Angelegenheit „Markin gegen Russland“, Beschwerde Nr. 30078/06.

Verfassungsgerichts der RF veränderte grundlegend das russische staatsrechtliche System und verlieh Russland das Bild eines Landes, das anstrebt, fortschrittlich, demokratisch und humanistisch zu sein. Das Verfassungsgericht stellte mehrfach die Gerechtigkeit wieder her, die vom Gesetzgeber oder vom Gesetzesanwender verletzt wurde. Das betrifft die Abschaffung von Vergünstigungen; die Anerkennung des Rechts auf Rehabilitation von Kindern, die gemeinsam mit ihren Eltern unter stalinistischen Repressionen gelitten haben; die Gewährleistung des Rechts von Geisteskranken auf gerichtlichen Schutz; die Unzulässigkeit der Anwendung der Todesstrafe; die Möglichkeit der Beendigung von Strafverfahren im Falle des Todes des Beschuldigten nur mit dem Einverständnis seiner Angehörigen; das Recht der Beamten, ihre Leiter und Machtorgane zu kritisieren; die Zugänglichkeit von Arzneimitteln für Bürger, die an seltenen Krankheiten leiden; die Aufhebung der Begrenzung der maximalen Höhe von Leistungen an arbeitende hochbezahlte Mütter.

In diesen und vielen anderen Angelegenheiten demonstrierte das *Verfassungsgericht der RF*, dass es etablierte demokratische Werte vertritt und unter Berücksichtigung der vaterländischen Erfahrung und der russischen Traditionen die internationalen rechtlichen Standards im Bereich der Rechte und Freiheiten des Menschen und ihres staatlichen Schutzes in die russische Gerichtspraxis eingeführt hat. In den meisten Fällen gelang es dem Gericht, dafür Sorge zu tragen, dass die Machtausübung im Rahmen Verfassung der RF stattfand.

Ich stimme dem Vorsitzenden des *BVerfG* der Bundesrepublik Deutschland *A. Voßkuhle* zu, der auf der feierlichen Sitzung zum 20-jährigen Jubiläum des *Verfassungsgerichts der RF* das Verfassungsgericht *„mit einem festen Schuh verglichen hat, der die Bewegung nach vorn sichert“*[6]. Zweifellos ist das Verfassungsgericht nicht mit *„festlichen stylischen Pantoffeln“* zu vergleichen, aber auch nicht mit *„abgetragenen Hausschuhen, die von den Füßen geschleudert und jederzeit unter die Couch geschoben oder überhaupt weggeworfen werden können“*. Mit dem *Verfassungsgericht der RF „rechneten“* die Machtorgane immer; deshalb gelang ihm sehr viel.

Gewiss ist die verfassungsgerichtliche Praxis nicht immer frei von Mängeln. Es gibt Entscheidungen, die nicht sehr überzeugend sind. Man kann als Beispiel dafür die Angelegenheit heranziehen, die mit der Abschaffung der Wahlen der Gouverneure verbunden war und die zur Schwächung der Gewaltenteilung zwischen verschiedenen Zweigen der Macht auf der Ebene der Subjekte der Föderation geführt hat. Es ist bekannt, dass in der letzten Botschaft des Präsidenten der RF an die Föderale Versammlung der RF vom 22. Dezember 2011 offiziell die überflüssige Zentralisation der Macht und die Notwendigkeit der Rückkehr zu

---

6 Russische Zeitung v. 28.10.2011.

den direkten Wahlen der höchsten Amtspersonen der Subjekte der RF anerkannt wurden.

Einzelne Entscheidungen des *Verfassungsgerichts der RF* wirken heute völlig unvorhersehbar, unbestimmt oder nicht zu Ende gedacht. So ist z.B. die Anwendung des ausschließlich proportionalen Wahlsystems auf der kommunalen Ebene[7] mehrdeutig. Die Gesellschaft rechnet in einigen Fällen mit stärkeren Entscheidungspositionen des *Verfassungsgerichts der RF*. Manchmal trifft das Gericht keine Entscheidung, so z.B. über die Verfassungswidrigkeit von Normen. Es erkennt ihre Übereinstimmung mit der Verfassung der RF an und spricht zudem davon, dass der Gesetzgeber diese Frage in vollkommen entgegengesetzter Weise regeln kann. Eine solche Schlussfolgerung trägt nicht zur Stabilität der Gesetzgebung und ihrer Anwendung bei. Man kann als Beispiel die Angelegenheit des Helden der Sowjetunion, des Teilnehmers am Großen Vaterländischen Krieg *S. N. Borosentz* anführen, dem der Bezug zusätzlicher Geldleistungen, die alle Helden erhalten, nur deshalb entzogen wurde, weil er außerhalb der RF, in den USA, wohnt.[8] Zu berücksichtigen ist dabei, dass bis heute nur noch etwa 20 Helden am Leben sind. Zur Ehre des russischen Gesetzgebers sei gesagt, dass die Äußerung des Gerichts beachtet wurde und am 3. Mai 2011 eine Änderung der Gesetzgebung vorgenommen worden ist. Heute erhalten die Bürger eine zusätzliche monatliche materielle Sicherung, die den Bürgern Russlands für hervorragende Leistungen und besondere Verdienste für das Vaterland zugestanden wurde, nicht nur dann, wenn sie auf dem Territorium des Vaterlandes leben, sondern auch, wenn sie außerhalb unseres Landes wohnen.

Es ist verständlich, dass das Verfassungsgericht unpopuläre Entscheidungen oft in Verbindung damit annimmt, dass es nicht völlig frei von der Politik sein kann, denn die Verfassung der RF, deren Hüter es ist, regelt die politischen Beziehungen, das politische System, die Grundlagen der Innen- und Außenpolitik des Staates, die politischen Rechte und Freiheiten der Bürger. Die Verfassung spiegelt die politische Kultur der Gesellschaft wider und das Verfassungsgericht, das ihre Normen auslegt, äußert unvermeidbar diese oder jene politische Standpunkte.

Die Praxis der Tätigkeit der Verfassungsgerichte des Auslands zeugt ebenfalls von ihrer gewissen Abhängigkeit von den anderen Organen der Macht. So traf z.B. das Oberste Gericht der USA vollkommen entgegen gesetzte Entscheidungen zu einer Frage – abhängig von den konkreten geschichtlichen Umständen. Bis 1932 änderte das Oberste Gericht seine Meinung in fast 40 Fällen zu

---

7 *Verfassungsgerichts der RF*, Beschl. v. 07.07.2011, Nr. 15-P.

8 *Verfassungsgerichts der RF*, Beschl. v. 09.07.2009, Nr. 12-P.

einzelnen Gesetzen und von 1937 bis 1944 sogar 24-mal.[9] Die herangezogenen Angaben zeugen von einer gewissen politischen Parteilichkeit des Gerichts, denn die Abschaffung eines Gesetzes ist ein politischer Akt, der keine „neutralen Positionen" gestattet.

Man muss zugeben, dass die Mehrheit der Fragen, die in der Verfassung der RF berührt werden, nicht neutral ist. Im Zusammenhang damit versuchte das *Verfassungsgericht der RF* mehrfach, die Neutralität einzuhalten und ihm gelang das z.B. in der Angelegenheit über die Ordnung der Bildung des Föderationsrates. Außerdem ist das Verfassungsgericht gezwungen, mit der finanziell-ökonomischen und konkret-geschichtlichen Situation im Lande zu rechnen. Deshalb geht es davon ab, einen augenblicklichen Vorteil für den konkreten Bürger zugunsten der ganzen Gesellschaft anzuerkennen. Aber das ist nicht immer leicht, mehrdeutig und unpopulär.

Ein weiterer Problemaspekt des verfassungsgerichtlichen Schutzes der Rechte der Persönlichkeit ist mit den kardinalen Änderungen der Gesetzgebung über das *Verfassungsgericht der RF* in den Jahren 2009 und 2010 verknüpft, die die Gestalt des Gerichts veränderten; und es ist schwierig zu behaupten, dass es ihm zum Vorteil gereicht. Es handelt sich um die Novellierungen, die die Aufstellung der Kandidatur des Vorsitzenden des *Verfassungsgerichts der RF* und seines Stellvertreters durch den Präsidenten Russlands anstelle der Wahl durch die Richter und die Möglichkeit des lebenslänglichen Verbleibs im Amt des Vorsitzenden des Gerichts usw. betrafen. Diese Neuerungen rufen Besorgnis bzgl. der Unabhängigkeit des *Verfassungsgerichts der RF* und seiner politischen Neutralität hervor, von denen die Effektivität des Schutzes der Menschenrechte sowie ihre Priorität vor der staatlichen Macht abhängen. Dazu zählen die Aufhebung der Kammern in der Struktur des *Verfassungsgerichts der RF*, die eine Vielzahl der Angelegenheiten betrachtet haben – und zwar die Beschwerden der Bürger, die Einführung der Vorschrift über die Zulässigkeit der Beschwerde nur unter den Bedingungen der Anwendung des Gesetzes im konkreten Fall, dessen Betrachtung vom Gericht beendet wurde; die Einführung des schriftlichen Verfahrens ohne Festlegung der Pflicht des Gerichts, auf jedes Argument der Parteien zu antworten, selbst wenn dieses (gemeint ist das schriftliche Verfahren) nicht eindeutig beurteilt werden kann.

IV. Fazit

So gesehen muss Russland noch vieles in der Gesetzgebung und in der Praxis verändern, aber hauptsächlich im Rechtsbewusstsein, von dem die Einhaltung

---

9 *Nudel*, Die verfassungsrechtliche Kontrolle in den kapitalistischen Staaten, Odessa 1964, S. 5.

und der Schutz der Rechte der Persönlichkeit wesentlich abhängen. Und dies alles ungeachtet der Auffassung der positiven internationalen und ausländischen Erfahrung und der grundsätzlichen Reformen im Bereich des Schutzes der Menschenrechte, die Russland innerhalb kurzer Zeit verwirklicht hat.

Kommunale Selbstverwaltung in Deutschland

*Lars Steinhorst, Karsten Hoof**

Die kommunale Selbstverwaltung ist (Kern-)Bestandteil des deutschen Staatsrechts. Sie umfasst nach allgemeiner Auffassung auch das Recht der Kommunen, sich erwerbswirtschaftlich zu betätigen. Das Grundgesetz steht einer erwerbswirtschaftlichen Betätigung der Kommunen nicht prinzipiell entgegen, wenngleich sich aus ihm durchaus bestimmte Einschränkungen ableiten lassen. Letztlich ist die einfach-gesetzliche Ausgestaltung solcher Einschränkungen dem (Landes-)Gesetzgeber anheim gestellt, der einen weiten Regelungsspielraum hat. Dementsprechend ist der Umfang zulässiger erwerbswirtschaftlicher Betätigung traditionell ein Spielball politischer Interessen. Während konservativ-liberale Kräfte der kommunalwirtschaftlichen Betätigung enge Grenzen setzen wollen, um private Unternehmer möglichst weitgehend vor kommunaler Konkurrenz zu schützen, halten weiter links stehende Parteien eine weitreichende kommunalwirtschaftliche Betätigung für ein probates Mittel zur Aufbesserung der knappen Kasse so mancher Kommune. Im Folgenden soll die Situation im Land Brandenburg anhand der derzeit geltenden Rechtslage und der aktuellen Änderungsbestrebungen des Landesgesetzgebers dargestellt werden.[1]

I. Historische und verfassungsrechtliche Grundlagen

Die historischen Grundlagen der kommunalen Selbstverwaltung finden sich in § 184 RV[2] und in Art. 127 WRV[3]. Heute ist die kommunale Selbstverwaltung in

---

* *Dr. iur. Lars Steinhorst* ist Rechtsanwalt in der Potsdamer Kanzlei *MD Rechtsanwälte. Ass. iur. Karsten Hoof* ist wissenschaftlicher Mitarbeiter am Lehrstuhl für Verfassungsgeschichte, Rechtsphilosophie i.V.m. Öffentlichem Recht (*Prof. Dr. Carola Schulze*) an der Juristischen Fakultät der Universität Potsdam.

1 Soweit im Folgenden auf die *aktuelle* Rechtslage Bezug genommen wird, ist der Stand vom 12. Oktober 2011 gemeint, an dem der hier abgedruckte Vortrag gehalten worden ist. Im Dezember 2011 hat der Brandenburgische Landtag die in Kapitel III des Vortrags vorgestellten Gesetzesänderungen tatsächlich beschlossen. Dies ist in Anm. 32 berücksichtigt worden.

2 § 184 RV: `Jede Gemeinde hat als Grundrechte ihrer Verfassung: … b) die selbstständige Verwaltung ihrer Gemeindeangelegenheiten mit Einschluß der Ortspolizei, unter gesetzlich geordneter Oberaufsicht des Staates; …`

3 Art. 127 WRV: `Gemeinden und Gemeindeverbände haben das Recht der Selbstverwaltung innerhalb der Schranken der Gesetze.`

Art. 28 II GG[4] festgeschrieben. Nach dieser Verfassungsnorm haben die Gemeinden ein garantiertes Selbstverwaltungsrecht. Dieses gewährleistet:

- die Existenz von Gemeinden (institutionelle Rechtssubjektsgarantie),[5]
- einen eigenen Aufgabenbereich der Gemeinden (objektive Rechtsinstitutionsgarantie),[6]
- ein subjektives Recht zur Abwehr von Verletzungen im gewährleisteten Bereich (subjektive Rechtsstellungsgarantie).[7]

In den Verfassungen der einzelnen Bundesländer wird diese Gewährleistung teils wiederholt, teils modifiziert und ergänzt.

Nach h.M. erstreckt sich die verfassungsrechtliche Garantie der Selbstverwaltung aus Art. 28 II GG grundsätzlich auch auf die wirtschaftliche Betätigung der Gemeinden. Hierunter wird jede Tätigkeit verstanden, die auch von einem privaten Unternehmer mit der Absicht der Gewinnerzielung betrieben werden könnte.[8] Die wirtschaftliche Betätigung der Kommunen geht zurück bis in die erste Hälfte des 19. Jh. (Gründung von Leihstellen und Sparkassen; später auch Übernahme der Versorgung der Bevölkerung mit Wasser, Gas und Strom).[9] Ihren vorläufigen rechtlich-normativen Höhepunkt fand sie mit Art. 156 WRV vom 11. August 1919[10]. Diese Vorschrift erlaubte es, privatwirtschaftliche Un-

---

4 Art. 28 II GG: Den Gemeinden muß das Recht gewährleistet sein, alle Angelegenheiten der örtlichen Gemeinschaft im Rahmen der Gesetze in eigener Verantwortung zu regeln. Auch die Gemeindeverbände haben im Rahmen ihres gesetzlichen Aufgabenbereiches nach Maßgabe der Gesetze das Recht der Selbstverwaltung. Die Gewährleistung der Selbstverwaltung umfaßt auch die Grundlagen der finanziellen Eigenverantwortung; zu diesen Grundlagen gehört eine den Gemeinden mit Hebesatzrecht zustehende wirtschaftskraftbezogene Steuerquelle.

5 *Nierhaus*, in: Sachs, Grundgesetz. 6. Aufl. 2011, Art. 28 Rn. 39 ff., m.w.N.

6 *Nierhaus* (Anm. 5), Art. 28 Rn. 44, m.w.N.

7 *Nierhaus* (Anm. 5), Art. 28 Rn. 45, m.w.N.

8 Abgrenzung nach der sog. „Popitz-Formel“, vgl. dazu *Waechter*, Kommunalrecht, 3. Aufl. 1997, Rn. 600.

9 *Stüer/Schmalenbach*, Rechtsgrundlagen der Kommunalwirtschaft, in: NWVBl. 2006, S. 161; *Eisenblätter*, Die exterritoriale Kommunalwirtschaft, 2007, S. 27 f.

10 Art. 156 I WRV: Das Reich kann durch Gesetz, unbeschadet der Entschädigung, in sinngemäßer Anwendung der für Enteignung geltenden Bestimmungen, für die Vergesellschaftung geeignete private wirtschaftliche Unternehmungen in Gemeineigentum überführen. Es kann sich selbst, die Länder oder die Gemeinden an der Verwaltung wirtschaftlicher Unternehmungen und Verbände beteiligen oder sich daran in anderer Weise einen bestimmenden Einfluß sichern.

ternehmen in Gemeineigentum zu überführen, was faktisch einer Enteignung entsprach.

Je stärker die Gemeinden sich wirtschaftlich betätigen, desto mehr geraten sie in Konflikt mit den Interessen privater Unternehmer, denen die Gemeinden als Konkurrenten gegenübertreten. Vor diesem Hintergrund stellt sich die Frage der Begrenzung der wirtschaftlichen Betätigung der Gemeinden.

Erstmals wurde das Recht zur wirtschaftlichen Betätigung durch § 67 der Deutschen Gemeindeordnung (DGO) von 1935[11] – einfachgesetzlich – begrenzt und an 3 Voraussetzungen geknüpft. Hiernach durfte die Gemeinde wirtschaftliche Unternehmen nur gründen oder wesentlich erweitern, wenn

- der öffentliche Zweck das Unternehmen rechtfertigt,
- das Unternehmen nach Art und Umfang in einem angemessenen Verhältnis zu der Leistungsfähigkeit der Gemeinde und zum voraussichtlichen Bedarf steht,
- der Zweck nicht besser und wirtschaftlicher durch einen anderen erfüllt wird oder erfüllt werden kann.

In welchem Umfang Art. 28 II GG den Gemeinden heute ein verfassungsmäßiges Recht zur wirtschaftlichen Betätigung einräumt, ist umstritten. Nach h.M. schützt Art. 28 II GG nur einen Kernbereich der Möglichkeit einer wirtschaftlichen Betätigung; andererseits verbietet der Worlaut des Art. 28 II GG eine umfassende wirtschaftliche Betätigung aber auch nicht.[12] Die Grenzen der Möglichkeit einer wirtschaftlichen Betätigung werden – mangels verfassungsrechtlicher Grenzen – somit nur vom einfachen Gesetzesrecht gezogen. Nach der Zuständigkeitsverteilung des Art. 70 I GG obliegt der Erlass entsprechender Gesetze dem Landesgesetzgeber.

---

11 § 67 I DGO: `Die Gemeinde darf wirtschaftliche Unternehmen nur errichten oder wesentlich erweitern, wenn`

1. der öffentliche Zweck das Unternehmen rechtfertigt,
2. das Unternehmen nach Art und Umfang in einem angemessenen Verhältnis zu der Leistungsfähigkeit der Gemeinde und zum voraussichtlichen Bedarf steht,
3. der Zweck nicht besser und wirtschaftlicher durch einen anderen erfüllt wird oder erfüllt werden kann.

12 Vgl. z.B. *Gern*, Deutsches Kommunalrecht, 3. Aufl. 2003, Rn. 718; *Pagenkopf*, Einige Betrachtungen zu den Grenzen für privatwirtschaftliche Betätigung der Gemeinden - Grenzen für die Grenzzieher?, in: GewArch 2000, S. 177; *Nierhaus* (Anm. 5), Art. 28 Rn. 49.

II. Gesetzliche Regelung der Komunalwirtschaft in der Kommunalverfassung des Landes Brandenburg

1. Strenge gesetzliche Voraussetzungen für wirtschaftliche Betätigung

Art. 97 I LVerf Bbg enthält eine Art. 28 II GG entsprechende landesverfassungsrechtliche Gewährleistung der kommunalen Selbstverwaltung. Einfachgesetzlich ist die wirtschaftliche Betätigung der Gemeinden im Land Brandenburg in den §§ 91 bis 100 BbgKVerf geregelt. Dabei bestimmt § 91 BbgKVerf die Voraussetzungen für die Zulässigkeit einer kommunalen wirtschaftlichen Betätigung, während die folgenden Paragrafen regeln, wie eine nach § 91 BbgKVerf prinzipiell zulässige wirschaftliche Betätigung organisatorisch auszugestalten ist.

Für den vorliegenden Untersuchungsgegenstand ist allein § 91 BbgKVerf von Interesse. § 91 I 1 BbgKVerf definiert zunächst den Begriff der *wirtschaftlichen Betätigung* als das Herstellen, Anbieten oder Verteilen von Gütern, Dienstleistungen oder vergleichbaren Leistungen, die ihrer Art nach auch mit der Absicht der Gewinnerzielung erbracht werden könnten. Damit legt die Legaldefinition einen denkbar weiten Begriff der Kommunalwirtschaft zugrunde.[13]

Nach Abs. 2 dieser Vorschrift darf sich die Gemeinde wirtschaftlich betätigen, wenn kumulativ

- die Betätigung der Erledigung von Aufgaben der örtlichen Gemeinschaft dient,
- der öffentliche Zweck dies rechtfertigt, wobei die Gewinnerzielung allein keinen ausreichenden öffentlichen Zweck darstellt und
- die Betätigung nach Art und Umfang in einem angemessenen Verhältnis zur Leistungsfähigkeit der Gemeinde und zum voraussichtlichen Bedarf steht.

Die Leistungserbringung soll indes gem. § 91 III BbgKVerf (sog. *Subsidiaritätsprinzip*) privaten Unternehmern übertragen werden,

- wenn diese die Leistungen in mindestens gleicher Qualität und Zuverlässigkeit bei gleichen oder geringeren Kosten erbringen können, sofern dies mit dem öffentlichen Interesse vereinbar ist.

Darüber hinaus begrenzt § 91 IV BbgKVerf die wirtschaftliche Betätigung, von einigen Ausnahmen wie z.B. der Versorgung mit Elektrizität, Gas und Fernwärme abgesehen,

- auf die Versorgung der örtlichen Gemeinschaft.

---

13 In anderen Bundesländern wird der Begriff der wirtschaftlichen Tätigkeit indes nicht ausdrücklich definiert, sondern stattdessen eine Abgrenzung zwischen *wirtschaftlichen* und *nichtwirtschaftlichen Unternehmen* vorgenommen, vgl. hierzu *Obermann*, in: Praxis der Kommunalverwaltung, Stand: 11/2011, § 91 BbgKVerf, Anm. 4.

Damit sind der wirtschaftlichen Betätigung der Gemeinden in Brandenburg derzeit insbesondere durch § 91 III BbgKVerf enge Grenzen gesetzt, da öffentliche Leistungen in den meisten Fällen von privaten Unternehmern in gleicher Qualität und Zuverlässigkeit und bei gleichen Kosten erbracht werden können. In der Praxis kommt es damit häufig darauf an, ob die Übertragung auf private Unternehmer gemäß dem letzten Teilsatz des § 91 III BbgKVerf mit dem *öffentlichen Interesse* vereinbar ist. Insoweit besteht eine kommunalpolitische Einschätzungsprärogative.[14]

2. Kein subjektives Abwehrrecht für private Unternehmer

Mit der aktuellen brandenburgischen Regelung sind private Unternehmer damit weitgehend vor kommunaler Konkurrenz geschützt, soweit sie betreffende Leistungen bei gleicher Qualität zu gleichen oder geringeren Kosten anbieten können.

Fraglich ist indes, ob privaten Unternehmern auch ein subjektives Abwehrrecht gegen eine kommunale Betätigung erwächst, welche die Grenzen zulässiger Kommunalwirtschaft überschreitet. Während ein solcher Drittschutz der entsprechenden Regelungen in den Kommunalverfassungen der Bundesländer früher überwiegend abgelehnt worden ist,[15] ist die Frage in vielen Bundesländern neuerdings umstritten.[16] Für Brandenburg hat der Landesgesetzgeber in § 91 I 2 BbgKVerf jedoch ausdrücklich festgelegt,[17] dass die Begrenzungen der Kommunalwirtschaft in § 91 II bis VI BbgKVerf *„ausschließlich dem Schutz der Leistungsfähigkeit der Gemeinden"* dienen und einen Drittschutz der Norm zugunsten privater Unternehmer verneinen.[18] Rein praktisch haben private Unternehmer also keine prozessuale Handhabe, gegen eine über den Rahmen des § 91 BbgKVerf hinausgehende kommunalwirtschaftliche Betätigung einer Gemeinde einzuschreiten.

Ein Abwehrrecht kann allenfalls aus der in Art. 12 I GG festgeschriebenen Berufsfreiheit bzw. der gleichlautenden Gewährleistung in Art. 49 LVerf Bbg folgen. Da die Berufsfreiheit aber grundsätzlich nicht gegen Konkurrenz schützt,[19] kommt ein solches Abwehrrecht lediglich in schwerwiegenden Fällen in Betracht, etwa dann, wenn die Gemeinde öffentlich-rechtliche Wettbewerbs-

---

14 *Obermann* (Anm. 13), § 91 BbgKVerf, Anm. 4.

15 Vgl. dazu *Waechter* (Anm. 8), Rn. 611 ff.

16 Vgl. z.B. *VerfGH Rheinland-Pfalz*, Urt. v. 28.03.2000 – VGH-N 12/98 – DVBl. 2000, S. 992; *OVG Münster*, Beschl. v. 13.08.2003 – 15 B 1137/03 – NVwZ 2003, S. 1520.

17 KommRefG vom 18.12.2007, GVBl. I/07 [Nr. 19], S. 286.

18 Vgl. dazu *Obermann* (Anm. 13), § 91 BbgKVerf, Anm. 2.2.

19 Dazu umfassend *Jarass*, Kommunale Wirtschaftsunternehmen im Wettbewerb, 2002, S. 17 ff.

vorteile für sich ausnutzt oder eine Monopolstellung gezielt zu einem Verdrängungswettbewerb einsetzt.[20]

III. Aktuelle Änderungsbestrebungen des brandenburgischen Gesetzgebers

1. Die Entschließung vom 20. Januar 2010

Mit seiner Entschließung vom 20. Januar 2010[21] hat der Landtag die Landesregierung aufgefordert, die Rahmenbedingungen für die öffentliche Daseinsvorsorge mit dem Ziel zu verbessern, die kommunalen Handlungsspielräume zu stärken. Zur Umsetzung des politischen und gesetzlichen Handlungsauftrages hat die Landesregierung am 31. März 2011 einen Gesetzesentwurf[22] eingebracht, der Änderungen der Kommunalverfassung vorsieht.

Dabei soll insbesondere § 91 BbgKVerf geändert werden:

a) Abschaffung des Subsidiaritätsprinzips

Geplant ist eine Abschaffung des Subsidiaritätsprinzips. Dies beruht dem Gesetzentwurf zufolge auf der Erwägung, dass bei der Erfüllung öffentlicher Zwecke/öffentlicher Aufgaben ein Nachrang der Kommunen gegenüber der Privatwirtschaft nicht sachgerecht sei. Hierbei sei insbesondere zu berücksichtigen, dass es Aufgabe der Kommune sei, die Daseinsvorsorge flächendeckend und dauerhaft zu gewährleisten. Dies sei gefährdet, wenn die Kommune nur in solchen Gebieten, Marktphasen oder Marktsegmenten tätig werden könne, in denen Private wegen nicht ausreichender Gewinnaussichten von einer Betätigung absehen. Ist die kommunale wirtschaftliche Betätigung ebenso wirtschaftlich wie eine private Leistungserbringung, müsse die Kommunalwirtschaft nicht hinter Privaten zurücktreten. Nach der Neuregelung hätte die Gemeinde erst dann für eine Übertragung auf private Unternehmen zu sorgen, wenn diese die Leistungen wirtschaftlicher erbringen können.[23] Der Begriff der Wirtschaftlichkeit soll dabei nicht nur den

- Preis

umfassen, sondern auch Merkmale wie

---

20 Vgl. dazu *BVerwG*, Beschl. v. 21.03.1995 – 1 B 211/94 – NJW 1995, S. 2938 (2939), m.w.N.

21 LT-Drs. 5/332-B.

22 Entwurf eines Gesetzes zur Stärkung der kommunalen Daseinsvorsorge, LT-Drs. 5/3023.

23 § 91 III 1 BbgKVerf-Entwurf: `Die Gemeinde hat im Interesse einer sparsamen Haushaltsführung dafür zu sorgen, dass Leistungen, die von privaten Anbietern wirtschaftlicher erbracht werden können, diesen Anbietern übertragen werden.`

- Qualität und
- Zuverlässigkeit.[24]

Dabei stellt sich insoweit die Frage, worin der Unterschied zur derzeitigen Regelung in § 91 III 1 BbgKVerf liegen soll. Denn die derzeitige Regelung enthält bereits die Elemente „Qualität", „Zuverlässigkeit" und „Kosten" (also den Preis).

b) Neuregelung der Methode der Wirtschaftlichkeitsberechnung

Darüber hinaus soll mit der Neuregelung die Methode der Wirtschaftlichkeitsberechnung vereinfacht werden. Nach derzeitiger Fassung des § 91 III 2 BbgKVerf sind sowohl Angebote einzuholen, als auch Vergleichsberechnungen vorzunehmen.[25] Mit der Neuregelung in § 91 III 2 BbgKVerf-Entwurf soll die Möglichkeit bestehen, entweder Angebote einzuholen (um dann die Wirtschaftlichkeit der Angebote im Verhältnis zur eigenen Leistungserbringung zu bewerten) *oder* Vergleichsberechnungen aufgrund eigener Marktkenntnis vorzunehmen.[26] Begründet wird die Neuregelung mit dem ungerechtfertigten Aufwand der aktuellen Fassung, der sich für den Fall darstelle, dass die Gemeinde eine ausreichende Marktkenntnis hat oder sich diese ohne Angebotseinholung (etwa durch Internetrecherchen) beschaffen könne.[27]

c) Beurteilungsspielraum bei Prognose

Zudem soll mit der Neuregelung in § 91 III 3 BbgKVerf-Entwurf deutlicher hervorgehoben werden, dass der Gemeinde ein weiter Spielraum für die Beurteilung zusteht, ob öffentliche Interessen eine wirtschaftliche Betätigung der Gemeinde erfordern, auch wenn die Leistungen von Privaten wirtschaftlicher erbracht werden können. In diesen Fällen kann auch auf die Einholung von Angeboten oder Vergleichsberechnungen verzichtet werden. Nach § 91 III 3 BbgKVerf-Entwurf sollen die Gemeindevertretung bzw. der Hauptausschuss eigenverantwortlich entscheiden, ob solche Interessen vorliegen. Da eine solche Entscheidung im öffentlichen Interesse zu einem Verzicht auf eine wirtschaftlichere Aufgabenerledigung bzw. zu einem Verzicht auf Alternativangebote oder Vergleichsberechnungen führt, ist es dem Gesetzentwurf zufolge erforderlich,

---

24 Vgl. Begründung zum Gesetzentwurf (Anm. 22), S. 4 f.

25 § 91 III 2 BbgKVerf: `Dazu sind Angebote einzuholen und Vergleichsberechnungen vorzunehmen, die der Gemeindevertretung oder in den Fällen des § 50 II dem Hauptausschuss vorzulegen sind.`

26 § 91 III 2 BbgKVerf-Entwurf: `Dazu sind Angebote einzuholen oder Vergleichsberechnungen vorzunehmen, die der Gemeindevertretung oder in den Fällen des § 50 II dem Hauptausschuss vorzulegen sind.`

27 Vgl. Begründung zum Gesetzentwurf (Anm. 22), S. 5.

dass die Beweggründe für diese Entscheidung für die Öffentlichkeit dokumentiert werden. Daher sollen die Entscheidungen begründet werden.[28]

d) Erleichterung der wirtschaftlichen Betätigung

Mit den geplanten Änderungen in § 91 IV BbgKVerf soll auch die wirtschaftliche Betätigung außerhalb des Gemeindegebiets erleichtert werden. Ein regionaler Bezug soll nicht mehr erforderlich sein, sodass wirtschaftliche Betätigungen auch in entfernter liegenden Kommunen möglich sein werden.[29]

e) Wirtschaftliche Betätigung im Ausland

§ 91 IV BbgKVerf soll zudem um eine Regelung zur wirtschaftlichen Betätigung im Ausland ergänzt werden. Zulässig soll die wirtschaftliche Betätigung im Ausland sein, wenn die Voraussetzungen der § 91 II und III BbgKVerf-Entwurf vorliegen. Zudem dürfen Interessen des Bundes oder des Landes Brandenburg nicht entgegenstehen, sodass beispielsweise außenpolitische Belange berücksichtigt werden müssen. Wegen der erhöhten wirtschaftlichen Risiken, die mit einer Betätigung auf ausländischen Märkten verbunden sein können, und

---

28 Vgl. § 91 III S. 3 BbgKVerf-Entwurf: `Die Sätze 1 und 2 gelten nicht, wenn die Gemeindevertretung oder in den Fällen des § 50 II der Hauptausschuss eine wirtschaftliche Betätigung der Gemeinde im öffentlichen Interesse für erforderlich hält; die Entscheidung ist zu begründen.`; vgl. auch Begründung zum Gesetzentwurf: (Anm. 24), S. 5.

29 § 91 IV BbgKVerf: `Eine wirtschaftliche Betätigung außerhalb der Versorgung der örtlichen Gemeinschaft sowie der Nutzung von Einrichtungen beziehungsweise Angeboten in der Gemeinde ist unzulässig. Dies gilt nicht für`
1. `die Versorgung mit Elektrizität, Gas und Fernwärme,`
2. `die wirtschaftliche Betätigung im Rahmen öffentlicher Aufträge oder Konzessionen der Gemeinden, Gemeindeverbände oder kommunalen Unternehmen, zu denen ein regionaler Bezug besteht, wenn eine Wahrnehmung dieser Aufgabe gem. § 1 des Gesetzes über kommunale Gemeinschaftsarbeit im Land Brandenburg für Gemeinden und Gemeindeverbände grundsätzlich möglich wäre.`

§ 91 IV BbgKVerf-Entwurf: `Eine wirtschaftliche Betätigung außerhalb der Versorgung der örtlichen Gemeinschaft sowie der Nutzung von Einrichtungen beziehungsweise Angeboten in der Gemeinde ist zulässig`
1. `für die Versorgung mit Elektrizität, Gas und Fernwärme,`
2. `im Rahmen von Vereinbarungen oder Konzessionen der betroffenen Gemeinden, Gemeindeverbände oder kommunalen Unternehmen.`

zur Sicherstellung der Berücksichtigung der staatlichen Interessen[30] soll eine rechtzeitige Unterrichtung der Kommunalaufsicht vorgesehen werden.[31]

2. Stand des Gesetzgebungsverfahrens[32]

Der Landtag hat am 13. April 2011 in seiner ersten Lesung den Gesetzentwurf diskutiert und hat diesen an den Ausschuss für Inneres – federführend – und an den Ausschuss für Wirtschaft überwiesen.[33] Am 5. Mai 2011 haben die Koalitionsfraktionen (SPD und Die Linke) einen Antrag auf Durchführung einer Anhörung gestellt.[34] Die Mitglieder des Ausschusses für Inneres haben sich am 5. Mai 2011 einstimmig für die Durchführung einer Anhörung zum Gesetzentwurf ausgesprochen.[35] Am 8. September 2011 erfolgte die Anhörung der Eingeladenen (z.B. Städte- und Gemeindebund Brandenburg, Landkreistag Brandenburg, Verband kommunaler Unternehmen). Da der Ausschuss für Wirtschaft mitteilte, dass es ihm erst am 26. Oktober 2011 möglich sei, dem Ausschuss für Inneres eine Stellungnahme zuzuarbeiten, schlug der Vorsitzende des Ausschusses für Inneres vor, in der Sitzung am 17. November 2011 abschließend zu beraten und dabei das Votum des Ausschusses für Wirtschaft zu berücksichtigen.[36]

30 Vgl. Begründung zum Gesetzentwurf (Anm. 24), S. 7.

31 § 91 IV 2 BbgKVerf-Entwurf: `Die wirtschaftliche Betätigung im Ausland ist unter den Voraussetzungen der Absätze 2 und 3 zulässig, wenn Interessen des Bundes oder des Landes Brandenburg nicht entgegenstehen; die Kommunalaufsichtsbehörde ist rechtzeitig vor Aufnahme der Betätigung zu unterrichten.`

32 Der Brandenburgische Landtag hat in seiner Sitzung am 15.12.2011 den Gesetzentwurf (Anm. 24) in der Fassung der Beschlussempfehlung vom 02.12.2011 (LT-Drs 5/4357) angenommen. Die hier vorgestellten Änderungen sind mit Wirkung zum 10.01.2012 in Kraft getreten (GVBl. Teil I 2012, Nr. 1 v. 09.01.2012, S. 1 ff.).

33 Vgl. Plenarprotokoll 5/34 vom 13.04.2011 (S. 2733 - 2741) und Beschlussprotokoll 5/34 (S. 2).

34 Vgl. Anlage 6 zum Ausschussprotokoll der 17. Sitzung des Ausschusses für Inneres P-AI 5/17-1 vom 05.05.2011.

35 Vgl. Ausschussprotokoll der 17. Sitzung des Ausschusses für Inneres P-AI 5/17-1 (S. 14).

36 Vgl. Protokoll der Ausschusses für Inneres vom 08.09.2011 P-AI 5/21 (S. 7 - 76).

Formen autonomer Festlegung der Struktur der Organe der örtlichen Selbstverwaltung durch die Bevölkerung

*Ekaterina Shugrina**

I. Autonome Festlegung der Struktur der örtlichen Selbstverwaltung

Gem. Art. 131 der Verfassung der RF wird die Struktur der Organe der örtlichen Selbstverwaltung autonom durch die Bevölkerung festgelegt. Dabei ist diese Autonomie nicht absolut. Im Beschluss des *Verfassungsgerichts der RF* vom 1. Februar 1996 Nr. 3-P wurde hervorgehoben, dass die Selbstständigkeit der Bevölkerung bei der Festlegung der Struktur der Organe der örtlichen Selbstverwaltung in Übereinstimmung mit den Föderalen Gesetzen, den Gesetzen und den anderen Rechtsakten der Subjekte der RF realisiert werden muss. Wie das *Verfassungsgericht der RF* im Beschluss vom 24. Januar 1997 Nr. 1-P hervorhob, soll die Organisation der kommunalen Macht mit den Grundlagen der Verfassungsordnung der RF und den aus ihr hervorgehenden Prinzipien der Demokratie und Dezentralisation der Macht in Übereinstimmung stehen.

Das moderne Verständnis der Struktur der Organe der örtlichen Selbstverwaltung wurde in dem Föderalen Gesetz vom 6. Oktober 2003 Nr. 131-FZ „Über die allgemeinen Prinzipien der Organisation der örtlichen Selbstverwaltung in der Russischen Föderation" (im Weiteren: Föderales Gesetz Nr. 131-FZ) entwickelt. In Art. 34 I des Föderalen Gesetzes Nr. 131-FZ ist vorgesehen, dass die Struktur der Organe der örtlichen Selbstverwaltung folgende Organe umfasst: das Repräsentativorgan des kommunalen Gebildes, das Oberhaupt des kommunalen Gebildes, die regionale Verwaltung (Vollzugs- und Verfügungsorgan des kommunalen Gebildes), das Kontrollorgan des kommunalen Gebildes und die übrigen Organe der kommunalen Selbstverwaltung, die durch die Satzung des kommunalen Gebildes vorgesehen sind und über eigene Befugnisse zur Lösung der Fragen mit örtlicher Bedeutung verfügen.

---

* *Dr. iur. Ekaterina Shugrina* ist Professorin des Lehrstuhls für Verfassungs- und Kommunalrecht der Russischen Föderation an der MGJuA.

II. Formen der autonomen Festlegung der Organe der örtlichen Selbstverwaltung

Die Analyse der geltenden Gesetzgebung zeigt, dass das Recht der Bevölkerung auf die autonome Festlegung der Struktur der Organe der örtlichen Selbstverwaltung realisiert werden kann:

- unmittelbar bei der Bestimmung der Struktur der Organe der örtlichen Selbstverwaltung;
- indirekt durch die Teilnahme an der Annahme der Satzung des kommunalen Gebildes.

In beiden Fällen geht es um die Nutzung der jeweils im Gesetz vorgesehenen Formen (Referendum, Gemeindeversammlungen, öffentlichen Anhörungen usw.). Nun sollen die beiden Mechanismen genauer betrachtet werden.

Auf der Grundlage des Art. 34 V des Föderalen Gesetzes Nr. 131-FZ wird die Struktur der Organe der örtlichen Selbstverwaltung in Grenzsiedlungen im Falle der Schaffung eines neuen kommunalen Gebildes durch die Umwandlung eines existierenden kommunalen Gebildes auf dem örtlichen Referendum (in einem kommunalen Gebilde mit einer Einwohnerzahl von nicht mehr als 100 Menschen, die das Wahlrecht besitzen, durch die Gemeindeversammlung) oder durch das Repräsentivorgan des kommunalen Gebildes festgelegt und in der Satzung des kommunalen Gebildes festgeschrieben. Auf diese Weise kann das Recht der Bevölkerung auf autonome Festlegung der Struktur der Organe der örtlichen Selbstverwaltung nur in zwei Fällen verwirklicht werden:

- Schaffung eines neuen kommunalen Gebildes in Grenzsiedlungen;
- Schaffung eines neuen kommunalen Gebildes durch Umwandlung des existierenden kommunalen Gebildes.

Formen der Realisierung der jeweiligen Rechte durch die Bevölkerung stellen das Referendum, die Entscheidung des Repräsentativorgans und die der Gemeindeversammlung dar.

Gem. Art. 34 und 44 des Föderalen Gesetzes Nr. 131-FZ soll die Struktur der Organe der örtlichen Selbstverwaltung durch die Satzung des kommunalen Gebildes geregelt werden. Früher war in dem Föderalen Gesetz vom 28. August 1995 Nr. 154-FZ „Über die allgemeinen Prinzipien der Organisation der örtlichen Selbstverwaltung in der Russischen Föderation“ die Möglichkeit der Annahme der Satzung des kommunalen Gebildes durch das Repräsentativorgan der örtlichen Selbstverwaltung oder unmittelbar durch die Bevölkerung (Art. 8) vorgesehen. Auf der Grundlage des Art. 44 III des Föderalen Gesetzes Nr. 131-FZ wird die Satzung des kommunalen Gebildes durch das Repräsentativorgan des kommunalen Gebildes angenommen, aber in Ortschaften mit einer Bevölkerungszahl über 100 Menschen, die über das Wahlrecht verfügen, wird die Satzung unmittelbar durch die Bevölkerung in der Gemeindeversammlung verabschiedet.

Außerdem muss betont werden, dass die Annahme der Satzung des kommunalen Gebildes durch das Repräsentativorgan entsprechend Art. 35 P. 10.1 des Föderalen Gesetzes Nr. 131-FZ zur ausschließlichen Kompetenz des Repräsentativorgans des kommunalen Gebildes gehört. Die ausschließliche Kompetenz bedeutet die Unmöglichkeit der Erörterung der gegebenen Frage durch ein anderes als das Repräsentativorgan des kommunalen Gebildes. Mit anderen Worten: die Annahme der Satzung ist unmittelbar durch die Bevölkerung nicht möglich.

Im Zusammenhang damit wird in Art. 28 III P. 1 des Föderalen Gesetzes Nr. 131-FZ darauf hingewiesen, dass der Entwurf der Satzung des kommunalen Gebildes ebenso wie der Entwurf der Satzung des kommunalen Rechtsakts über die Änderungen und Ergänzungen der gegebenen Satzung unbedingt in öffentlichen Anhörungen erörtert werden müssen.

In Übereinstimmung mit Art. 44 P. 4 des Föderalen Gesetzes Nr. 131-FZ unterliegen die Entwürfe der Satzung des kommunalen Gebildes und des kommunalen Rechtsakts über Änderungen und Ergänzungen der Satzung des kommunalen Gebildes nicht später als 30 Tage bis zum Tag der Behandlung der Frage über die Verabschiedung der Satzung des kommunalen Gebildes und der Vornahme von Änderungen und Ergänzungen in der Satzung des kommunalen Gebildes der offiziellen Veröffentlichung. Sie werden gleichzeitig in der vom Repräsentativorgan des kommunalen Gebildes aufgestellten Ordnung der Erfassung von Vorschlägen betreffs der Entwürfe der erwähnten Satzung und des erwähnten kommunalen Rechtsakts sowie der Ordnung der Teilnahme der Bürger an ihrer Erörterung verkündet. Somit werden bei der Annahme der Satzung des kommunalen Gebildes als Formen der Verwirklichung des Rechts auf autonome Festlegung der Struktur der Organe der örtlichen Selbstverwaltung durch die Bevölkerung die öffentlichen Anhörungen, die Vorschläge der Bürger, die Entscheidung des Repräsentativorgans und die Bürgerversammlung genannt. Darüber hinaus kann die Bevölkerung ihr Recht über das Institut der rechtsschöpfenden Initiative realisieren, das im Entwurf des entsprechenden kommunalen Rechtsakts (Art. 26 des Föderalen Gesetzes Nr. 131-FZ) festgelegt wurde.

III. Rechtsanwendungspraxis

Die Analyse der sich herausbildenden Rechtsanwendungspraxis zeigt, dass alle o.g. Formen der Verwirklichung des Rechts auf autonome Festlegung der Struktur der Organe der örtlichen Selbstverwaltung eingesetzt werden. Das *Verfassungsgericht der RF* wies in seinem Beschluss vom 24. Januar 1997 Nr. 1-P darauf hin, dass die adäquate Form der Berücksichtigung der Meinung der Bevölkerung gem. Art. 130 II der Verfassung der RF das Referendum ist.

Entsprechend Art. 12 des Föderalen Gesetzes vom 12. Juni 2002 Nr. 67-FZ „Über die grundlegenden Garantien der Wahlrechte der Bürger und der Rechte auf Teilnahme am Referendum der Bürger der Russischen Föderation" (im Weiteren: Föderales Gesetz Nr. 67-FZ) können nur Fragen mit örtlicher Bedeutung in dem örtlichen Referendum behandelt werden. Der Begriff „Fragen mit örtlicher Bedeutung" wird im Föderalen Gesetz Nr. 131-FZ erklärt. Die Liste der Fragen mit örtlicher Bedeutung (und gerade zu diesen Fragen können örtliche Referenden geführt werden) findet sich in den Art. 14, 15, 16 des Föderalen Gesetzes Nr. 131-FZ. Gleichzeitig findet sich in den anderen Artikeln des erwähnten Gesetzes ein Hinweis auf die Möglichkeit/Notwendigkeit der Durchführung eines örtlichen Referendums zur Frage der Festlegung der Struktur der Organe der örtlichen Selbstverwaltung in den neu geschaffenen kommunalen Gebilden (Art. 34 V).

Symptomatisch ist der Versuch der Durchführung eines Referendums in der Stadt Kirow, bei dem die Initiativgruppe die folgenden Fragen auf dem Referendum zu klären versuchte: *„Sind Sie damit einverstanden, dass der Gouverneur der Stadt unmittelbar durch die Bevölkerung gewählt werden soll?"* und *„Sind Sie damit einverstanden, dass der Gouverneur der Stadt an der Spitze der Verwaltung der Stadt stehen soll?"* Am 28. Dezember 2005 stellte die Duma der Stadt Kirow in ihrem Beschluss fest, dass diese Fragen nicht in Übereinstimmung mit den Forderungen der geltenden Gesetzgebung stehen. Das Bezirkgericht der Stadt Kirow bestätigte durch Entscheidung vom 18. Dezember 2006 Nr. 2-1242/06 die Rechtmäßigkeit des Verzichts (auf die Durchführung des Referendums) mit folgender Begründung: *Erstens*, das Föderale Gesetz Nr. 131-FZ sieht die Durchführung eines örtlichen Referendums über die Struktur der Organe der örtlichen Selbstverwaltung in den neu geschaffenen Gebilden wie der Stadt Kirow vor. *Zweitens*, das örtliche Referendum kann nur zu Fragen mit örtlicher Bedeutung durchgeführt werden. Art. 16 des Föderalen Gesetzes Nr. 131-FZ enthält eine Liste der Fragen mit örtlicher Bedeutung des Stadtbezirks, aber umfasst nicht die Frage zur Struktur der Organe der örtlichen Selbstverwaltung, so dass die Festlegung der Struktur der Organe der örtlichen Selbstverwaltung keine Frage mit örtlicher Bedeutung darstellt. Die entsprechenden Fragen sollen durch die Organe der örtlichen Selbstverwaltung bei der Annahme der Satzung der Stadt entschieden werden und können nicht Gegenstand eines Referendums sein. Die kassatorische Gerichtsinstanz bestätigte die Rechtskraft dieser Entscheidung und die Aufsichtsinstanz fand keine Gründe für eine Anfechtung.[1]

Es ist offensichtlich, dass die Entscheidungen der Gerichte des Kirower Gebiets nicht unumstritten sind. Und sie sind insbesondere im Lichte der Untersu-

---

1 Genaueres dazu siehe: Örtliches Referendum oder Gerichtsschikane gegenüber den Bürgern, Örtliche Selbstverwaltung Nr. 1, 2007, S. 160.

chung der Verfassungsnormen verwunderlich. So steht im Art. 131 der Verfassung der RF, dass die Struktur der Organe der örtlichen Selbstverwaltung von der Bevölkerung autonom festgelegt wird. Die Analyse der Rechtsanwendungspraxis zeigt, dass die örtlichen Referenden zur Frage der Struktur der Organe der örtlichen Selbstverwaltung, sowohl in den neu geschaffenen kommunalen Gebilden als auch in den „alten" kommunalen Gebilden, die vor der Annahme des Föderalen Gesetzes Nr. 131-FZ geschaffen wurden, aktiv durchgeführt wurden und werden. Als Beispiele solcher Referenden kann man die Referenden im Makarowskij Bezirk des Sachaliner Gebiets am 14. März 2004, in der Stadt Noworonesh des Woronesher Gebiets am 16. Mai 2004, in 70 kommunalen Gebilden der Republik Bashkortostan am 27. März 2005, im Krasnoarmejskij Bezirk des Samaraer Gebiets am 29. Mai 2005, in Welikij-Nowgorod des Nowgoroder Gebiets am 2. Juli 2006, in Pskow des Pskower Gebiets am 16. Juli 2006, im Staroskolner Stadtkreis des Belgoroder Gebiets am 2. Dezember 2007, im Makarowsker Stadtkreis des Sachalin-Gebiets am 2. Dezember 2007, im Cholmsker Stadtkreis des Sachalin-Gebiets am 16. März 2008 und im Oleninskij Bezirk des Twerer Gebiets am 1. März 2009 heranziehen.

Die Versuche der Anwendung des Referendums als Form der Verwirklichung des Rechts auf autonome Festlegung der Struktur der Organe der örtlichen Selbstverwaltung durch die Bevölkerung aktualisieren ein weiteres Problem, das mit der Geltungsdauer der Entscheidung verbunden ist, die auf dem Referendum getroffen wurde. Auf den ersten Blick ist die Fragestellung zu diesem Schwerpunkt verwunderlich. Es ist offenkundig, dass die Entscheidung, die auf einem regionalen Referendum bei Einhaltung aller Forderungen der geltenden Gesetzgebung getroffen wird, keine Geltungsdauer hat und nur auf einem anderen Referendum geändert werden kann. Im Zusammenhang damit zeugt die Analyse der Rechtsanwendungspraxis davon, dass die vorliegende Frage ziemlich kompliziert ist.

Gem. Art. 73 P. 6 und 7 des Föderalen Gesetzes „Über die grundlegenden Garantien der Wahlrechte und die Rechte auf Teilnahme am Referendum der Bürger der Russischen Föderation" kann die Entscheidung, die auf dem örtlichen Referendum getroffen wurde, durch Annahme einer anderen Entscheidung auf dem örtlichen Referendum geändert oder aufgehoben werden, aber nicht früher als 2 Jahre nach ihrer Annahme oder nachdem sie im gerichtlichen Verfahren für ungültig erklärt wurde. Im Falle der Annahme eines normativen Rechtsakts in einem örtlichen Referendum kann dieser geändert werden im Rahmen der Ordnung, die durch den erwähnen normativen Rechtsakt festgesetzt ist. Wenn die gegebene Ordnung nicht festgesetzt wurde, können die Veränderungen ebenso in die Ordnung hineingetragen werden, die im entsprechenden Rechtsakt vorgesehen ist, aber nicht früher als nach 5 Jahren seit der Annahme der entsprechenden Entscheidung auf dem Referendum. Die gerichtliche Aufhebung der Entscheidung, die in dem örtlichen Referendum angenommen wurde, kann auf folgenden Grundlagen vorgenommen werden:

- Verletzung der Ordnung der Durchführung des örtlichen Referendums, die durch das gegebene Föderale Gesetz, das Gesetz der RF, die Satzung des kommunalen Gebildes festgelegt wurde und die es unmöglich macht, den wirklichen Willen der Teilnehmer des Referendums aufzudecken;
- Nichtübereinstimmung des Gesetzes des Subjekts der RF oder der Satzung des kommunalen Gebildes, die auf der Grundlage des örtlichen Referendums eingeführt wird, mit der Verfassung der RF, dem Föderalen Gesetz, dem Gesetz des Subjekts der RF, was es unmöglich macht, den wirklichen Willen der Teilnehmer zum Ausdruck zu bringen;
- Nichtübereinstimmung der Entscheidung, die auf dem örtlichen Referendum angenommen wurde, mit der Verfassung der RF, dem Föderalen Gesetz sowie dem Gesetz des Subjekts der RF.

Es ist eine interessante Situation, die mit den Satzungen der kommunalen Gebilde entstand, die 1990 ganz oft auf örtlichen Referenden angenommen wurden. Im Föderalen Gesetz Nr. 131-FZ war diese Art der Annahme der Satzung nicht vorgesehen. Deshalb entstand das Problem der Angleichung der Satzungen der kommunalen Gebilde an das neue Föderale Gesetz.

Gem. Art. 34 II des Föderalen Gesetzes Nr. 131-FZ wird die Angleichung der Satzungen der kommunalen Gebilde an die Bestimmungen des Art. 35 VI bis VIII, des Art. 36 IIb und III sowie des Art. 37 II bis VI des gegebenen Föderalen Gesetzes durch die Entscheidung des Repräsentativorgans der kommunalen Gebilde und in den Siedlungen/Ortschaften mit einer Einwohnerzahl von weniger als 100 Menschen, die das Wahlrecht innehaben, durch die Bevölkerung unmittelbar auf der Versammlung der Bürger vorgenommen. Mit anderen Worten gestattete der föderale Gesetzgeber die Änderung der Entscheidung, die auf dem Referendum angenommen wurde, durch die Entscheidung des Repräsentativorgans des kommunalen Gebildes. Dabei wurde die Entscheidung, die auf dem Referendum angenommen wurde, nicht aufgehoben, nicht als gesetzwidrig anerkannt, verlor ihre Rechtskraft nicht und verschwand nicht.

Die Frage über die Geltungsdauer der Entscheidungen, die auf dem Referendum getroffen wurden, wurde durch die Zivilgerichte anhand der Satzung der Stadt Obminsk (Kalugaer Gebiet) betrachtet. Im Jahr 1995 wurde ein Referendum in Obminsk durchgeführt und die Bewohner der Stadt äußerten ihre Wünsche zur Struktur der Organe der örtlichen Selbstverwaltung, insbesondere zu ihrer unmittelbaren Wahl durch die Bevölkerung. Aber auf dem Referendum von 1995 wurde der normative Rechtsakt, insbesondere die Satzung der Stadt, nicht angenommen; es wurden nur Fragen zur Konzeption der Satzung erlaubt. Im Jahr 2005 wurde der Versuch unternommen, Änderungen in die Satzung der Stadt aufzunehmen, die die Einführung des Postens eines City-Managers und die

Wahl des Oberhauptes des kommunalen Gebildes aus der Menge der Abgeordneten betrafen. Aufgrund der Ergebnisse des Referendums wandten sich die Bewohner der Stadt an das Gericht, um die Änderungen in dem Statut der Stadt anzufechten und die Unveränderlichkeit der Struktur der Organe der örtlichen Selbstverwaltung, die auf den Ergebnissen des Referendums beruhen[2], zu verlangen.

In der Entscheidung des Obminsker Stadtgerichts des Kaluger Gebiets vom 8. Februar 2005 Nr. 2-158/2005 wurde festgestellt, dass der Wille des Gesetzgebers seit 1990 darauf gerichtet ist, die Entscheidung des Referendums jeder E-bene nur mittels der Annahme einer neuen Entscheidung des Referendums der jeweiligen Stufe zu ändern.

Eine Ausnahme von dieser Regel wird nur im Art. 84 IV P. 2 des Föderalen Gesetzes vom 6. Oktober 2003 Nr. 131-FZ vorgesehen, das die Befugnisse dem Repräsentativorgan der kommunalen Selbstverwaltung zur Angleichung der Satzung des kommunalen Gebildes vorgibt. Im Falle eines Widerspruchs mit den Regelungen der Teile 6 bis 8 des Art. 35, des Art. 36 II und III und des Art. 37 II bis VI wird der normative Rechtsakt in Übereinstimmung mit ihnen gebracht, indem die Entscheidung ohne Durchführung des örtlichen Referendums angenommen wird, sogar in dem Fall, wenn die Bestimmungen, die dem neuen Gesetz widersprechen, auf einem entsprechenden Referendum getroffen worden sind.

Aber die erwähnte Norm konnte bei der Annahme des streitigen normativen Rechtsakts durch die Obminsker Stadtversammlung am 11. Januar 2005 nicht angewendet werden, denn – wie oben gesagt – stimmt die Satzung der Stadt Obminsk mit den durch die Entscheidung Nr. 01-27 vorgenommenen Änderungen und Ergänzungen mit den Regelungen Art. 35 VI bis VIII, des Art. 36 II und III sowie des Art. 37 II bis VI des Föderalen Gesetzes der RF vom 6. Oktober 2003 Nr. 131-FZ überein. Die Klageansprüche der Bürger, die sich ans Gericht wandten, wurden befriedigt.

Auf der Grundlage der Berufungsklage der Obminsker Stadtversammlung und des kassatorischen Antrags des Staatsanwalts der Stadt Obminsk wurde durch das Richterkollegium für Zivilsachen des Kaluger Gebietsgerichts vom 14. März 2005 zur Sache Nr. 33-320/2005 die Entscheidung aufgehoben. Die Angelegenheit wurde neu verhandelt.

In der neuen Entscheidung des Obminsker Stadtgerichts vom 5. April 2005 in der Sache Nr. 2-300/2005 vertrat das Gericht eine andere Auffassung. Die Befriedigung der Klageansprüche wurde abgewiesen. Nach Auffassung des Ge-

---

2 Genaueres dazu siehe: Die Bürger gegen die Stadtversammlung, Kommunalrecht Nr. 1, 2005, S. 67 - 74.

richts konnte die Entscheidung des örtlichen Referendums, auf welche sich die Antragsteller beziehen, nicht als Hemmnis für die Annahme der streitigen Entscheidung der Obminsker Stadtversammlung dienen.

Tatsächlich bestätigte das Gericht in der neuen Entscheidung die Möglichkeit der Änderung der Ergebnisse des Referendums durch die Entscheidung des Repräsentativorgans der örtlichen Selbstverwaltung wegen des Auftretens einer neuen „politischen Zweckmäßigkeit". Diese Schlussfolgerung wird aus den Angaben des Stellvertreters des Vorsitzenden der Obminsker Stadtversammlung gezogen, die er im Laufe der ersten gerichtlichen Verhandlung machte, dass das Ziel der Annahme der Entscheidung keine Angleichung der Satzung an das Föderale Gesetz der RF war, sondern die Vereinheitlichung der Struktur der Organe der örtlichen Selbstverwaltung mit der Struktur der anderen kommunalen Gebilde des Kaluger Gebiets.[3]

IV. Fazit

Das Recht der Bevölkerung auf autonome Festlegung der Struktur der Organe der örtlichen Selbstverwaltung kann auf diese Weise in verschiedenen Formen verwirklicht werden. Die geltende Gesetzgebung sieht folgende Formen vor:

- *die öffentlichen Anhörungen zum Entwurf des Statuts des kommunalen Gebildes* (eine Form der unmittelbaren Teilnahme der Bevölkerung an der Verwirklichung des Rechts auf die autonome Festlegung der Struktur der Organe der regionalen Selbstverwaltung; hat keinen verbindlichen Charakter);
- *die rechtsschöpferische Initiative* (eine Form der unmittelbaren Teilnahme der Bevölkerung an der Verwirklichung des Rechts auf die autonome Festlegung der Struktur der Organe der regionalen Selbstverwaltung; hat Verbindlichkeit, aber gewährleistet nicht das erforderliche Ergebnis für die Bevölkerung);
- *Vorschläge zum Entwurf der Satzung des kommunalen Gebildes* (eine Form der unmittelbaren Teilnahme der Bevölkerung an der Verwirklichung des Rechts auf autonome Festlegung der Struktur der Organe der örtlichen Selbstverwaltung; hat Verbindlichkeit, aber garantiert nicht das notwendige Ergebnis für die Bevölkerung);
- *die Anwesenheit auf der Sitzung des Repäsentativorgans des kommunalen Gebildes*, in der die Satzung des kommunalen Gebildes erörtert wird oder Änderungen und Ergänzungen dazu vorgenommen werden (eine Form der unmittelbaren Teilnahme der Bevölkerung an der Verwirklichung des Rechts auf autonome Festlegung der Struktur der Organe der örtlichen Selbstverwaltung; hat keine Verbindlichkeit);

---

3 *Obminsker Stadtgericht des Kalugaer Gebiets*, Entscheidung v. 08.02.2005 in der Sache Nr. 2-158/2005.

- *das Repräsentativorgan des kommunalen Gebildes* (eine mittelbare Teilnahme der Bevölkerung an der Verwirklichung des Rechts auf autonome Festlegung der Struktur der Organe der örtlichen Selbstverwaltung durch „ihre" Abgeordneten; die Entscheidung der Abgeordneten hat Verbindlichkeit und zieht juristische Folgen nach sich);
- *die Versammlung der Einwohner* „einer kleinen Ortschaft" (eine Form der unmittelbaren Verwirklichung des Rechts auf die autonome Festlegung der Struktur der Organe der örtlichen Selbstverwaltung durch die Bevölkerung; hat Verbindlichkeit und zieht juristische Folgen nach sich);
- *das örtliche Referendum zur Struktur der Organe der örtlichen Selbstverwaltung* (eine Form der unmittelbaren Verwirklichung des Rechts auf autonome Festlegung der Struktur der Organe der örtlichen Selbstverwaltung durch die Bevölkerung; die Entscheidung der Versammlung hat Verbindlichkeit und zieht juristische Folgen nach sich).

Dabei verbindet sich die vollwertige Verwirklichung des Rechts auf die autonome Festlegung der Struktur der Organe der örtlichen Selbstverwaltung durch die Bevölkerung mit der Notwendigkeit der Aufhebung von Lücken und Kollisionen der geltenden Gesetzgebung sowie mit der Vervollkommnung der rechtsanwendenden Praxis.

Trennung von Kirche und Staat in Deutschland

*Joachim Gaertner**

Das Verhältnis von Staat und Kirche im Sinne eines geordneten Gegenübers von weltlichem Gemeinwesen und rechtlich selbständigen Religionsverbänden wird häufig als *„eine Besonderheit der christlich-abendländischen Welt"* bezeichnet[1] und der christlich-orthodoxen Lösung in Byzanz gegenübergestellt, wo – wie der Mediävist *J. Le Goff* schreibt – *„der Cäsaropapismus den Kaiser als eine Art Papst walten ließ"*[2]. Bei genauerer Betrachtungsweise werden wir sehen, dass das Verhältnis von Kirche und Staat nicht durchgängig ein „Gegenüber" von zwei Ordnungskräften war.

Meine Ausführungen sind so gegliedert, dass ich zunächst in einem ersten Abschnitt auf einige der historischen Grundlagen des heutigen Systems der Trennung von Staat und Religionsgemeinschaften eingehe, wobei ich – wegen der Kürze der zur Verfügung stehenden Zeit – nur das Wormser Konkordat von 1122 (und seine Vorgeschichte), das im Gefolge der Reformation entstandene landesherrliche Kirchenregiment sowie die Kirchenartikel der WRV vom 11. August 1919 behandeln will. In einem zweiten Abschnitt werde ich dann das heutige System der Trennung von Staat und Religionsgemeinschaften vorstellen, das im Unterschied zu Frankreich nicht laizistischen Vorstellungen folgt, sondern institutionelle Verbindungen zwischen Staat und Kirche in der Form der gemeinsamen Angelegenheiten beibehält. Zuletzt soll das Zusammenwirken von Staat und Kirchen am Beispiel der Theologischen Fakultäten an staatlichen Universitäten vor Augen geführt werden.

I. Historische Grundlagen der heutigen Trennung von Staat und Kirche

Im Heiligen Römischen Reich Deutscher Nation war ein wichtiges Ereignis auf dem Weg zu einer Trennung von geistlicher und weltlicher Gewalt das den Investiturstreit beendende *Wormser Konkordat von 1122.* Zu dem Investiturstreit war es im 11. Jh. gekommen, weil sich – ausgehend von dem im Jahre 910 nach der Benediktinerregel in Burgund gegründeten Kloster Cluny – eine kirchliche Reformbewegung gebildet hatte, die sich u.a. gegen die im Heiligen Römischen Reich Deutscher Nation unter den sächsischen und salischen Königen entwi-

* *Dr. iur. Joachim Gaertner* ist Oberkirchenrat i.R. und Vorstandsmitglied des Evangelischen Instituts für Kirchenrecht e.V. an der Universität Potsdam.

1 Vgl. *von Campenhausen/de Wall*, Staatskirchenrecht, 4. Aufl. 2006, S. 1 f.

2 *Le Goff*, Die Geburt Europas im Mittelalter, 3. Aufl. 2004, S. 88.

ckelte Übung stellte, dass der König Bistümer zu Lehen gab und *„die Übertragung des Bischofsamtes durch Übergabe des Bischofsrings symbolisierte“*[3].

Der Konflikt erreichte in dem *„welthistorischen Schauspiel“*[4] des Bußgangs von *König Heinrich IV.* vor der Burg der *Markgräfin Mathilde* in Canossa seinen Höhepunkt. Nach weiteren Wirren, die auch von gegenseitigen Absetzungen und kirchlichen Bannflüchen gegen die deutschen Kaiser, zunächst gegen *Heinrich IV.* (1056 - 1106), später gegen seinen Sohn *Heinrich V.* (1106 - 1125) geprägt waren, kam es am 23. September 1122 unter *Papst Calixtus II.* (1119 - 1124) auf den Lobwiesen vor der Stadt Worms zum Ausgleich im Wormser Konkordat – einem der großen weltgeschichtlichen Kompromisse: *König Heinrich V.* akzeptierte, dass der Belehnung eines Geistlichen mit weltlichen Ämtern *„die freie kanonische (d.h. den kirchlichen Normen gemäße) Wahl durch Klerus und Volk der Diözese“* [5] vorauszugehen hatte. Erst danach folgte – wie *Christoph Link* in seiner Kirchlichen Rechtsgeschichte ausführt – *„die Belehnung des Gewählten mit weltlichen Ämtern, Gütern und Hoheitsrechten (Szepterinvestitur) durch den König, dem dafür der Treueid zu leisten war“*. Dem schloss sich die Einsetzung in das kirchliche Amt an: die Investitur mit Ring und Stab (per anulum et baculum) *„und die Bischofsweihe durch den zuständigen Erzbischof als kirchliche Autorität“*[6]. Dem König war demnach fortan verwehrt, die geistlichen Symbole Ring und Bischofsstab zu übergeben.[7]

Die Folgen waren gravierend: Die von dem Kloster Cluny ausgegangene und vor allem mit dem Namen des *Papstes Gregor VII.* (Papst von 1073 bis 1087) verbundene Kirchenreform, die daher auch Gregorianische Reform genannt wird, hatte das Ziel erreicht, anerkannt zu bekommen, dass *„die geistliche Sphäre des Bischofsamtes – und damit überhaupt der innerkirchliche Bereich – nicht mehr in die Kompetenz des Königs fiel“*[8]. Im Unterschied zu der früheren Abhängigkeit der Päpste von den deutschen Kaisern als ihren Schutzherren, hatten diese nun gegenüber dem Kaiser einen durch die Heilsvermittlung begründeten Vorrang durchgesetzt. *„Die Einheit von religiöser und ‚staatlicher' Ordnung“* löste sich auf. Letztlich war damit mit Canossa – wie *S. Weinfurter* for-

3 *Zippelius*, Staat und Kirche. Eine Geschichte von der Antike bis zur Gegenwart, 2. Aufl. 2009, S. 39.

4 *Link*, Kirchliche Rechtsgeschichte, 2. Aufl. 2010, § 5 Rn. 13.

5 *Link* (Anm. 4), § 5 Rn. 16; vgl. auch *Friedberg*, Lehrbuch des katholischen und evangelischen Kirchenrechts, 6. Aufl. 1909, § 115 I (S. 364 f.) und *Weinfurter*, Canossa. Die Entzauberung der Welt, 3. Aufl. 2007, S. 205.

6 *Link* (Anm. 4), § 5 Rn. 16.

7 Vgl. *Weinfurter* (Anm. 5), S. 206.

8 *Weinfurter* (Anm. 5), S. 206.

muliert – *„eine Entwicklung eröffnet worden, die den Keim in sich trug, dass die ‚Welt' ihren eigenen Gesetzen folgen und ihre eigenen Werte entwickeln konnte“*[9].

Dadurch ergab sich ein markanter Unterschied zu der Entwicklung in Byzanz, den der frühere bayerische Kultusminister *H. Maier* mit den folgenden Worten auf den Punkt gebracht hat: *„Während sich die lateinische Kirche des Westens im Investiturstreit aus der Klientel des Staates löste, blieb im Osten die alte Gebundenheit der Kirche in den Schranken des justinianischen Rechts bestehen. Nicht Libertas Ecclesiae hieß hier die Parole, sondern Gleichklang, symphonia zwischen Kirche und Staat.“*[10]

Im Gefolge der Reformation kam es dann in den evangelisch gewordenen Territorien zu einem engen Zusammenrücken von weltlicher Obrigkeit und evangelischem Kirchenwesen, da die Landesherren aufgrund des Ausfalls der katholischen Bischöfe als deren Rechtsnachfolger an die Spitze „ihrer“ jeweiligen Landeskirche traten und *„zu deren oberstem Bischof (‚Summus episcopus')“*[11] wurden. Das ist die Geburtsstunde des landesherrlichen Kirchenregiments, das sich *„in den evangelischen Territorien ... endgültig mit dem Augsburger Religionsfrieden“*[12] von 1555 durchsetzte.

Wenn sich auch später im Zeitalter des staatlichen Absolutismus die Auffassung bildete, dass *„dem Landesherrn als Inhaber aller öffentlichen Gewalt in seinem Territorium auch die Kirchenhoheit als genuines Recht zustehe“*[13], also das landesherrliche Kirchenregiment *„aus der staatlichen Souveränität“*[14] abgeleitet wurde, und dadurch Parallelen zum Cäsaropapismus auftraten, wie er weiland in Byzanz herrschte, so gilt es doch als grundlegenden Unterschied festzuhalten, dass diese Regelung von den Reformatoren nur als Not-Lösung gewählt und befürwortet wurde – zumal die Reformatoren ihre Lehre ohne die Unterstützung von Landesherren und Reichsstädten nicht hätten durchsetzen können. Wie der Sozialethiker *M. Honecker* hervorhebt, wäre das evangelische Kirchentum

---

9 *Weinfurter* (Anm. 5), S. 207 und 208.

10 *Maier*, Canossa heute – Mythos und Symbol, in: *Stiegemann/Wemhoff* (Hrsg.), Canossa 1077. Erschütterung der Welt. Geschichte, Kunst und Kultur am Aufgang der Romanik, Bd. I Essays, 2006, S. 625 (S. 629).

11 *Link* (Anm. 4), § 13 Rn. 1.

12 Vgl. *Honecker*, Die Grundfrage: Gibt es ein „evangelisches“ Kirchenrecht? in: *ders.*, Recht in der Kirche des Evangeliums, Jus Ecclesiasticum Bd. 85, 2008, S. 15 (S. 27).

13 *Hauschild*, Lehrbuch der Kirchen- und Dogmengeschichte, Bd. 2 Reformation und Neuzeit, 3. Aufl. 2005, § 17 Abschnitt 8.3, S. 561 (611 f.).

14 Vgl. *Honecker*, Evangelisches Kirchenrecht, in: *ders.*, Recht in der Kirche des Evangeliums (Anm. 12), S. 133 (138 f.).

„ohne obrigkeitlichen Schutz, Unterstützung und Finanzierung ... so nicht lebensfähig gewesen“[15].

Erst der Sturz der Monarchie im Jahre 1918 beendete das landesherrliche Kirchenregiment, das sich allerdings im Laufe des 19. Jh. bereits gelockert hatte. Eine Intensivierung des religiösen Lebens, die ein *„aus dem Pietismus stammendes persönliches Frömmigkeitsideal“* wiederbelebt hatte, ließ – wie *Ch. Link* ausführt – *„das Bedürfnis nach Ablösung alter staatskirchlicher Formen und nach einer Gestaltung der kirchlichen Ordnung aus dem Geist des reformatorischen Bekenntnisses heraus wachsen“*[16]. Das Streben nach einer Gestaltung der kirchlichen Ordnung aus dem Geist des reformatorischen Bekenntnisses fand Ausdruck in den Forderungen nach Mitspracherechten der Gemeinden in gewählten Presbyterien sowie nach Bildung von Synoden, durch die auch die „Laien“ in die Verantwortung eingebunden wurden.[17]

Der Sturz der Monarchie am Ende des Ersten Weltkrieges stellte den Verfassungsgeber dann vor die Notwendigkeit, ohne gleitenden Übergang *„eine verfassungsrechtliche Neubestimmung der Beziehung des demokratischen Staates zu Religion und Kirche“* [18] vornehmen zu müssen. Dabei standen sich in der Weimarer Nationalversammlung einerseits konservativ-bürgerliche Kräfte, denen es um die Bewahrung und Fortentwicklung des überlieferten Systems ging, und andererseits sozialistische Kräfte gegenüber, die eine strikte Trennung von Kirche und Staat auf ihre Fahnen geschrieben hatten. Die Sozialisten hatten bereits im Jahre 1891 in ihrem Erfurter Programm *„Religion zur Privatsache“* erklärt und die *„Abschaffung aller Aufwendungen aus öffentlichen Mitteln zu kirchlichen und religiösen Zwecken“*[19] gefordert. Für die Radikalen unter ihnen war die Formel von der Trennung von Staat und Kirche nur der äußere Deckmantel, unter dem sie in Wahrheit Kirche und Religion als eine öffentliche Macht ausschalten, also einen Kampf gegen die Religion führen wollten.[20] Als „das Vorbild“ diente für sie häufig das Modell einer radikalen Trennung von Staat und Religionsgemeinschaften, wie es in Frankreich durch die Trennungsgesetzgebung der Jahre 1904/1905 umgesetzt worden war.[21]

---

15 *Honecker*, Theologie unter der obrigkeitlichen Cura Religionis Christianae, in: *ders.*, Recht in der Kirche des Evangeliums (Anm. 12), S. 62 (95).

16 *Link* (Anm. 4), § 21 Rn. 1 f.

17 Vgl. *Link* (Anm. 4), § 21 Rn. 5.

18 *Link* (Anm. 4), § 25 Rn. 1.

19 Vgl. *Zippelius* (Anm. 3), S. 162 f.

20 Vgl. *Huber*, Deutsche Verfassungsgeschichte seit 1789, Bd. V, 1992, S. 871 (880 f.).

21 Vgl. *Huber/Huber*, Staat und Kirche im 19. und 20. Jahrhundert, Bd. 4, 1988, S. 3.

Erlasse der Revolutionsregierungen in den Jahren 1918/1919, die beispielsweise das Schulgebet untersagten und den Schülern die Teilnahme am Religionsunterricht freistellten, lösten auf Seiten der beiden großen Kirchen eine breite Protestbewegung aus, da die Kirchen in diesen Maßnahmen *„einen direkten Angriff auf den Religionsunterricht als solchen“*[22] sahen. Auch in der Bevölkerung artikulierte sich heftiger Widerstand in Massenprotesten. In der Reichshauptstadt Berlin fand eine Großdemonstration mit 60.000 Teilnehmern statt; eine Petition an die Weimarer Nationalversammlung fand 7 Mio. unterstützende Unterschriften.[23]

Diese konfrontative Situation drängte zu einem Kompromiss, der in dem berühmten „Kulturkompromiss von Weimar“ gefunden wurde, eine *„Lösung, die dann zu wesentlichen Teilen auch Bestandteil des Grundgesetzes wurde“*[24] und damit auch noch heute das Rechtsverhältnis zwischen dem Staat und den Religionsgemeinschaften bestimmt. Dieser Kompromiss lehnte – wie *E. R. Huber* darlegte – *„das Staatskirchentum früherer Zeiten ab, sicherte aber die Religionsgesellschaften in ihrer überlieferten öffentlichen Rechtsstellung“*[25]. Als wesentliche Elemente dieses Kulturkompromisses sind zu nennen: die Garantie der Freiheit des Glaubens und des religiösen Bekenntnisses (Art. 135 WRV), die Scheidung von Staat und Kirche, die in der Verfassungsbestimmung des Art. 137 I WRV *„Es besteht keine Staatskirche“* Ausdruck findet, die Garantie des kirchlichen Selbstbestimmungsrechts (Art. 137 III WRV) und – wie bereits erwähnt – die Fortdauer des öffentlich-rechtlichen Status der Kirchen. Wir sehen heute in der *„organisatorischen Verselbständigung von Staat und Kirche“* einen *„wesentlichen Aspekt der Religionsfreiheit, denn diese setzt voraus, dass der Staat keine Sonderbeziehungen zu einer von zahlreichen Religionsgemeinschaften unterhält“*[26].

II. Institutionelle Verbindungen von Staat und Kirche im deutschen Religionsverfassungsrecht: die gemeinsamen Angelegenheiten von Staat und Kirche

Da die Verfassungsväter der WRV sich dafür entschieden haben, institutionelle Verbindungen von Staat und Kirche in der Form der gemeinsamen Angelegen-

---

22 *Huber/Huber* (Anm. 21), S. 62 (65).

23 Vgl. *Link* (Anm. 4), § 26 Rn. 6.

24 *Link* (Anm. 4), § 26 Rn. 9.

25 *Huber*, Deutsche Verfassungsgeschichte seit 1789, Bd. VI, 1993, S. 858.

26 *Von Campenhausen*, Das bundesdeutsche Modell des Verhältnisses von Staat und Kirche – Trennung und Kooperation, ZevKR 42 (1997), S. 169 f.

heiten beizubehalten,[27] und die Mütter und Väter des Grundgesetzes die Kirchenartikel der WRV dem Grundgesetz inkorporiert haben, sind diese noch heute in Deutschland maßgeblich für die Regelung der Beziehungen zwischen dem Staat und den Religionsgemeinschaften. Allerdings ist – wie es der Staatsrechtslehrer *R. Smend* im Jahre 1951 in einem für die weitere Entwicklung des Staatskirchenrechts grundlegenden Aufsatz formuliert hat – auch dann, wenn zwei Verfassungen dasselbe sagen, das nicht unbedingt dasselbe.[28] Vor dem Hintergrund des sog. Kirchenkampfes, also der Auseinandersetzungen der deutschen Kirchen mit der nationalsozialistischen Diktatur, und angesichts des Bestrebens der Mütter und Väter des Grundgesetzes, *„den vom nationalsozialistischen Staat gestörten Frieden in den Beziehungen zwischen Staat und Kirche wieder herzustellen"*[29], ist beispielsweise der Restbestand einer staatlichen Kirchenhoheit, der sich noch in die Weimarer Republik hinübergerettet hatte, weggefallen. Man kann daher mit *Ch. Link* feststellen, dass sich das Religionsverfassungsrecht *„der Bundesrepublik deutlich von seiner Weimarer Handhabung emanzipiert und ... – unter Entwicklung freiheitlicher und grundrechtsbasierter Strukturen – zu einem eigenständigen, verfassungsrechtlich gewährleisteten Ordnungsrecht geworden"*[30] ist.

Bestimmende Faktoren sind dabei sowohl die Religionsfreiheit wie auch die Kirchenfreiheit, also das kirchliche Selbstbestimmungsrecht. Dadurch bildet das Religionsverfassungsrecht des Grundgesetzes geradezu die Antithese zu dem nationalsozialistischen Regime, das die Kirchen *„auf den kultischen Bereich zurückgedrängt hatte"*[31]. Im Dritten Reich waren u.a. die Konfessionsschulen beseitigt worden, der Religionsunterricht war zurückgedrängt worden und die kirchliche Wohlfahrts- und Krankenpflege war auf weltliche Organisationen überführt worden.[32]

Erneut sind die sog. gemeinsamen Angelegenheiten für das Religionsverfassungsrecht in Deutschland charakteristisch. Zu nennen sind hier vor allem der Religionsunterricht an öffentlichen Schulen, die Theologischen Fakultäten an staatlichen Hochschulen und die Seelsorge in staatlichen Anstalten. Den genann-

---

27 Vgl. *von Campenhausen/de Wall* (Anm. 1), S. 90 f.

28 Vgl. *Smend*, Staat und Kirche nach dem Bonner Grundgesetz, ZevKR 1 (1951), S. 4.

29 Vgl. von Campenhausen/ de Wall (Anm. 1), S. 40 f.

30 *Link* (Anm. 4), § 31 Rn. 5.

31 *Köttgen*, Kirche im Spiegel deutscher Staatsverfassung der Nachkriegszeit, in: *Quaritsch/ Weber*, Staat und Kirchen in der Bundesrepublik. Staatskirchenrechtliche Aufsätze 1950 - 1967, 1967, S. 79 (80).

32 Vgl. *Weber*, Die staatskirchenrechtliche Entwicklung des nationalsozialistischen Regimes in zeitgenössischer Betrachtung, in: Festschrift für Rudolf Smend, 1952, S. 365 (373).

ten Angelegenheiten ist – wie *A. Frhr. von Campenhausen* und *H. de Wall* ausführen – *„eigentümlich, dass sie in einer primären Zweckbeziehung sowohl zum Staat wie zur Kirche stehen“*[33]. Der Begriff der „gemeinsamen Angelegenheiten“ bringt gut zum Ausdruck, dass das Zusammenwirken von Staat und Religionsgemeinschaften auf gleicher Augenhöhe stattfindet.

Wie das Zusammenwirken von Staat und Religionsgemeinschaften bei den gemeinsamen Angelegenheiten organisiert ist, soll am Beispiel der Theologischen Fakultäten an staatlichen Universitäten vor Augen geführt werden.

Die sog. Düsseldorfer Verträge des Landes NRW mit der katholischen und den evangelischen Kirchen von 1984 dokumentieren in schöner Weise, dass auch aus staatlicher Sicht *„Pflege und Entwicklung“* der Katholischen und der Evangelischen Theologie *„durch Forschung, Lehre und Studium ... zum Auftrag wissenschaftlicher Hochschulen“*[34] gehören.

Gleichzeitig erfüllen die Theologischen Fakultäten als staatliche Einrichtungen aber auch kirchliche Aufgaben, da hier die Geistlichen und Religionslehrer beider Kirchen – also der wissenschaftliche Nachwuchs – ausgebildet werden. Die Aufgabenteilung zwischen dem Staat und den Religionsgemeinschaften zeigt sich darin, dass der Staat die dort lehrenden Professoren ernennt und über sie auch die Dienstaufsicht führt, dass der Staat derartige Ernennungen aber nur vornehmen kann, wenn die betreffende Kirche ihr Plazet gegeben hat, da es sich um konfessionsgebundene Staatsämter handelt.[35]

Damit die wissenschaftliche Ausbildung der *„Diener des geistlichen Amtes“*[36] keine exklusive Veranstaltung für die römisch-katholische und die evangelische Kirche bleibt, finden z.Z. Gespräche und Diskussionen darüber statt, wie man die Rabbiner-Ausbildung und die Ausbildung von Imamen in ähnlicher Weise organisieren kann. Der Wissenschaftsrat hat dazu am 29. Januar 2010 Vorstellungen entwickelt, die unter der Überschrift *„Empfehlungen zur Weiterentwicklung von Theologien und religionsbezogenen Wissenschaften an deutschen Universitäten“* veröffentlicht wurden.

---

33 *Von Campenhausen/de Wall* (Anm. 1), S. 196; eine ähnliche, ja fast wortgleiche Formulierung findet man bereits bei: *Ebers*, Staat und Kirche im neuen Deutschland, 1930, S. 279.

34 Texte der Verträge bei: *Listl* (Hrsg.), Die Konkordate und Kirchenverträge in der Bundesrepublik Deutschland, Bd. II, 1987, S. 297 (298) und S. 380 (381); vgl. auch *von Campenhausen/de Wall* (Anm. 1), S. 219 f. und Fn. 3.

35 Vgl. *von Campenhausen/de Wall* (Anm. 1), S. 221 f.

36 *Von Campenhausen/de Wall* (Anm. 1), S. 219 f.

III. Ausblick

Das deutsche Religionsverfassungsrecht steht in diesen Jahren vor einer gewissen Bewährungsprobe, die u.a. damit zusammenhängt, dass inzwischen rund 4 Mio. Muslime in Deutschland leben, die überwiegend aus Staaten zugewandert sind, denen eine Trennung von Staat und Religion eher fremd ist. Da das deutsche Religionsverfassungsrecht jedoch *„nicht eine Ordnung für Mehrheits- oder Volkskirchen ist, sondern für den Staatsbürger und für alle Religionsgemeinschaften“*[37], ist es auch offen für nichtchristliche Religionsgemeinschaften, die in den abendländischen Kulturkreis eingetreten sind. Die Religionsfreiheit gilt für alle in Deutschland lebenden Menschen, also auch für Muslime, und zwar ohne Ansehen ihrer Staatsangehörigkeit.

---

37 *Von Campenhausen*, Das Staatskirchenrecht in der Bewährungsprobe: Benötigen wir eine Änderung der Verfassung? Evangelische Verantwortung, Ausgabe 7/8, 2011, S. 7 (10).

Der weltliche Staat im modernen Russland

*Natalia Taeva**

I. Etappen des Wechselverhältnisses von Kirche und russischem Staat

In den verschiedenen Etappen der historischen Entwicklung veränderte sich die Vorstellung über das Wechselverhältnis von Kirche und russischem Staat und darüber, wie der weltliche Staat beschaffen sein muss. Hier kann man 3 Etappen hervorheben: die vorrevolutionäre, die sowjetische und die gegenwärtige (moderne).

1. Die vorrevolutionäre Etappe

Die lange heidnische Periode endete im Jahre 988 mit der Taufe der Rus durch den *Fürsten Vladimir*. Damit wird das Christentum staatliche Religion. Mit der Unterstützung der staatlichen Macht begann die Kirche sich im Volksmilieu einzubürgern. In dieser Periode verwirklichte die christliche Kirche die Gerichtsfunktion bei ehelich-familiären Angelegenheiten.[1] In erster Linie begann die Kirche allseitig die weltliche Macht und das politische Leben der Gesellschaft im Allgemeinen zu beeinflussen. Im 15. bis 16. Jh. unterstützte die Russische Orthodoxe Kirche aktiv die Zentralisation des Staates, die Stärkung der Macht der Großfürsten, die durch deren göttliche Herkunft begründet wurde. Gerade die Kirche entwickelte und begründete am Anfang des 16. Jh. die Theorie „Moskau – das dritte Rom". Im Zusammenhang damit konnte sich die weltliche Macht nicht der kirchlichen Herrschaft unterwerfen. Endgültig wurde die Kirche dem Staat unter *Peter I.* untergeordnet, der im Jahre 1721 die Heilige Synode – das höchste Organ zur Verwaltung von kirchlichen Angelegenheiten – gegründet hatte. Die Heilige Synode ersetzte die Patriarchatsform der Verwaltung für die Kirche und existierte bis 1917. Im Jahr 1722 wurde durch den Erlass Peters

---

* *Natalia E. Taeva* ist Kandidatin der Rechtswissenschaft, Dozentin des Lehrstuhls für Verfassungs- und Kommunalrecht der Russischen Föderation an der MGJuA.

1 Das erste kirchliche Statut, das kirchliche Angelegenheiten betrifft, ist mit dem Familien- und Eherecht verbunden. Es wurde von *Jaroslav dem Weisen* im 11. Jh. angenommen. Vgl. dazu z.B. Geschichte Russlands seit dem Altertum bis zur Gegenwart, unter der Redaktion von *Sachrova*, Moskau 2010, S. 79 f.

I. der Dienstgrad des synodalen Oberstaatsanwalts gestiftet, der von weltlichen Personen, oft Militärpersonen, besetzt war. Somit wurde die Kirche ab dem 18. Jh. ein Teil des staatlichen Apparates und erfüllte eine Reihe staatlicher Funktionen: die Registrierung der Zivilstandsakte, die Organisierung der Volksbildung usw.

2. Die sowjetische Etappe

Die grundlegenden Prinzipien der Wechselbeziehungen des Staates und der Kirche in der sowjetischen Periode wurden im Dekret des Rates der Volkskommissare der RSFSR vom 2. Januar 1918 „Über die Trennung der Kirche vom Staat und der Schule von der Kirche" verkündet. Das Dekret verkündete den weltlichen Charakter des russischen Staates. Die religiösen Organisationen wurden von der politischen Tätigkeit und von der Erfüllung staatlicher Funktionen entfernt. Alle religiösen Vereinigungen wurden als gleichberechtigt anerkannt. An den Schulen als staatlichen Einrichtungen wurde der Religionsunterricht untersagt. Die weitere Politik in diesem Bereich richtete sich in der sowjetischen Periode auf die Realisierung des vorliegenden Dekrets. Im Jahr 1929 wurde die Verordnung des Allrussischen Zentralen Exekutivkomitees und des Rates der Volkskommissare der RSFSR „Über religiöse Vereinigungen"[2] angenommen, die bis 1990 den rechtlichen Status der religiösen Organisationen bestimmte. Während der gesamten sowjetischen Periode verkündete der Staat die Glaubens- und Gewissensfreiheit, ging aber dabei aber von der Vorrangigkeit der antireligiösen Propaganda aus. Im sowjetischen Staat existierten äußerst komplizierte Bedingungen für die religiösen Vereinigungen, die mit dem Ziel der Befriedigung der religiösen Bedürfnisse ihrer Mitglieder tätig waren.[3]

3. Die moderne Etappe

Der Beginn der Liberalisierung der Beziehungen zwischen dem Staat und den religiösen Vereinigungen fällt auf die 90er Jahre des 20. Jh.. Am 1. Oktober 1990 wurde das Gesetz der UdSSR „Über Gewissenfreiheit und religiöse Organisationen" und am 25. Oktober 1990 das Gesetz der RSFSR „Über Glaubensfreiheit" angenommen. (Gegenwärtig sind beide Gesetze nicht mehr gültig.) Das Gesetz der RSFSR verkündete die Trennung der religiösen und atheistischen Organisationen vom Staat, den weltlichen Charakter des Systems der staatlichen Bildung und die Gleichberechtigung der religiösen Vereinigungen vor dem Gesetz. Das Gesetz der RSFSR geht in der Präambel von der in den internationalen Verträgen und Pakten enthaltenen Bestimmung aus, dass die Freiheit, religiöse bzw. atheistische Überzeugungen zu haben und die jeweiligen Handlungen

---

2 Gesetzgebung über religiöse Kulte, Moskau 1991, S. 83 - 96.

3 *Alimov*, Probleme des Rechtsstatus der religiösen Vereinigungen in der Republik Kasachstan, Euroasiatisches juristisches Journal, Nr. 11, 2011, S. 34.

durchzuführen, nur den Einschränkungen unterliegt, die durch Gesetz festgelegt werden und die notwendig sind für die Sicherung der Rechte und Freiheiten anderer Personen.

Die Verfassung der RF von 1993 legte erstmalig das *Prinzip des weltlichen Staates* als eine Grundlage der Verfassungsordnung der RF fest. Entsprechend Art. 14 der Verfassung der RF *„ist die Russische Föderation ein weltlicher Staat. Keine Religion kann als staatlich oder verpflichtend eingeführt werden. Religiöse Vereinigungen sind vom Staat getrennt und vor dem Gesetz gleichberechtigt“*. Anzumerken gilt, dass das Prinzip des weltlichen Staates in den Verfassungen nur weniger Länder ausgestaltet ist. Man findet es in den Verfassungen Frankreichs, Aserbaijdshans, Indiens, Äthiopiens, des Kongo, der Türkei, u.a.[4]

Z.Z. wird eine rechtliche Regelung zu den Wechselwirkungen zwischen dem Staat und den religiösen Vereinigungen in der RF sowohl auf der föderalen Ebene als auch auf der Ebene der Subjekte der Föderation vorbereitet. Auf der föderalen Ebene ist das Prinzip des weltlichen Staates in der Verfassung der RF festgeschrieben und konkretisiert sich in der speziellen Gesetzgebung. Vor allem ist hier das Föderale Gesetz vom 26. September 1997 N 125-FZ „Über Gewissensfreiheit und religiöse Vereinigungen“ zu nennen.[5] Das vorliegende Gesetz legt die Grundlagen der Wechselbeziehungen zwischen dem Staat und den religiösen Vereinigungen sowie den rechtlichen Status der religiösen Vereinigungen fest.

Das Prinzip des weltlichen Staates ist auch in den Verfassungen (Statuten) der Subjekte der RF verbrieft. In einer Reihe der Subjekte der Föderation wurden eigene Gesetze über Gewissensfreiheit angenommen, z.B. in den Republiken Adygeja, Bashkortostan, Dagestan, Tatarstan, Tywa und dem Wolgograder Gebiet.

---

4 *Sarova*, Die verfassungsrechtliche Festigung des weltlichen Staates in Russland: Nationale und international-rechtliche Aspekte, Journal des russischen Rechts, Nr. 12, 2009, S. 130 - 139.

5 In der gegebenen Sphäre existieren auch andere normative Rechtsakte, z.B. das Föderale Gesetz vom 30.11.2010 Nr. 327-FS „Über die Übertragung von Eigentum mit religiöser Bestimmung durch die religiösen Organisationen in staatliches und kommunales Eigentum“; Anordnung des Ministeriums der Justiz der RF vom 03.03.2009 Nr. 62 „Über die Bestätigung der Ordnung der Registrierung, Öffnung und Schließung von Vertretungen ausländischer religiöser Organisationen in der Russischen Föderation“, Anordnung des Ministeriums für Bildung der RF vom 01.07.2003 Nr. 2833 „Über die Ermächtigung von staatlichen und kommunalen Bildungseinrichtungen, religiösen Organisationen die Möglichkeit zum Religionsunterricht für Kinder außerhalb des Rahmens der Bildungsprogramme zu geben“.

II. Aktuelles Verständnis des weltlichen Staates

Das Verständnis des weltlichen Staates hat sich gewandelt. Heute bedeutet der weltliche Charakter nicht die volle Isolation der religiösen Vereinigungen von den anderen Instituten der Zivilgesellschaft und vom Staat. In der russischen Gesetzgebung wird das sog. kooperative oder partnerschaftliche Modell der Wechselbeziehungen zwischen Kirche und Staat verwirklicht. Dieses Modell bedeutet, dass keine festen, undurchdringlichen Grenzen zwischen dem Staat und der Kirche existieren. Der Staat und die Kirche arbeiten aktiv zusammen. Es handelt sich um eine konstruktive Zusammenarbeit. Diese äußert sich sowohl in der rechtlichen Regelung als auch in der Praxis. Die grundsätzlichen Sphären ihres Zusammenwirkens stellen die soziale Politik, die sittliche Erziehung der Bürger, sowie die Ausbildung und der Kampf gegen das Verbrechen dar. Außerdem ist zu berücksichtigen, dass die RF ein multinationaler und multikonfessioneller Staat ist. In ihm leben Vertreter des Christentums, des Islams, des Judentums und des Buddhismus. Man findet in Russland zudem auch viele neue, nicht traditionelle religiöse Bewegungen: neochristliche, neoorientalische, synkretische, u.a.m. Der Staat muss diesen Faktor bei der Gestaltung der staatlichen Politik in der religiösen Sphäre beachten.[6]

Das Prinzip des weltlichen Staates sieht die Gleichberechtigung der religiösen Vereinigungen vor. Der Staat mischt sich nicht in die Tätigkeit der religiösen Vereinigungen ein, soweit sie nicht den föderalen Rechtsvorschriften widerspricht. Andererseits können die religiösen Vereinigungen nicht die Funktionen der staatlichen Organe ausführen.

Die russische Gesetzgebung sieht die Existenz zweier Arten der religiösen Vereinigungen vor – die religiösen Gruppen und die religiösen Organisationen. Die religiöse Gruppe ist keine juristische Person und wird für das gemeinsame Bekenntnis und die Verbreitung des Glaubens geschaffen. Die religiöse Organisation wird durch den Staat als juristische Person registriert. Dabei kann man nur solche Vereinigungen registrieren, deren Existenz als religiöse Gruppe auf dem konkreten Territorium für mindestens 15 Jahre bestätigt wurde. Bei der staatlichen Registrierung der religiösen Vereinigungen als juristische Personen kann eine religionswissenschaftliche Expertise ihrer Dokumente gefertigt werden.

Einigen sog. traditionellen religiösen Vereinigungen gewährt der Gesetzgeber eine Reihe von Privilegien. So ist eine religiöse Organisation, die auf dem Territorium der RF mindestens 50 Jahre tätig ist, berechtigt, in ihrem Namen die Worte „Russland“, „russisch“ und Ableitungen davon zu gebrauchen. In der

---

6 *Petjukova*, Die staatliche Registrierung religiöser Organisationen in der Russischen Föderation. Wissenschaftlich-praktischer Kommentar, Moskau 2007, S. 5.

Präambel zum Föderalen Gesetz „Über Gewissensfreiheit und religiöse Vereinigungen“ wird die besondere Rolle der Orthodoxen Kirche in der Geschichte Russlands, im Werden und in der Entwicklung des geistigen Lebens und der Kultur unseres Landes betont. Auch wird die Liste der sog. traditionellen Religionen: so Christentum, Islam, Buddhismus und Judaismus verbrieft. Auf diese Weise weist der Staat auf ihre besondere Bedeutung hin. Anzumerken ist dazu, dass der Menschenrechtsbeauftragte der RF in einem seiner Gutachten diese Bestimmungen der russischen Gesetzgebung als im Widerspruch zum Prinzip des weltlichen Staates stehend beurteilt hat.[7] Im Zusammenhang damit ist vorstellbar, dass die Hervorhebung der traditionellen Religionen und die Festigung der Besonderheiten des Status der traditionellen religiösen Vereinigungen dem Prinzip des weltlichen Staates nicht widersprechen. Das Wesentliche, was den weltlichen Staat in der gegenwärtigen Etappe charakterisiert, ist folgerichtig das zu realisierende Verbot, eine Religion als verbindlich festzusetzen.

Der Staat leistet finanzielle, materielle und andere Hilfe gegenüber den religiösen Organisationen für die Restaurierung und den Schutz der Gebäude und Objekte, die Denkmäler der Geschichte und Kultur sind. Im Jahre 2010 wurde ein föderales Gesetz angenommen, das die Übergabe staatlichen oder kommunalen Eigentums religiöser Art in den Besitz der religiösen Organisationen oder die kostenlose Nutzung durch diese vorsieht.[8]

Auf Bitte der religiösen Organisationen sind die Organe der Staatsmacht in der RF berechtigt, die religiösen Festtage als arbeitsfreie Tage (Feiertage) für die jeweiligen Territorien zu verkünden. Ähnliche Erfahrungen existieren sowohl auf der föderalen Ebene als auch in einer Reihe der Subjekte der Föderation. So wird im Art. 112 des Arbeitskodexes der RF der 7. Januar (orthodoxe Weihnachten) als allrussischer arbeitsfreier Festtag festgelegt. In der Republik Adygeja wurde z.B. durch Verordnung des Präsidenten der Republik vom 29. Juni 2005 N 42-RP „Über den religiösen Festtag Ramadan-biram (urasa)“ dieser Festtag im Jahr 2005 für arbeitsfrei erklärt. Im Jahr 2003 wurde der religiöse Festtag Kurban-Bajram zum arbeitsfreien Festtag in der Republik Adygeja verkündet.

In der Sphäre von Bildung und Erziehung bedeutet das Wesen des Prinzips vom weltlichen Staat, dass der Staat sich *erstens* nicht in die Erziehung der Kin-

---

7 Siehe *Mironov*, Gutachten des Beauftragten für Menschenrechte der RF „Über die Prüfung der Übereinstimmung des Föderalen Gesetzes ‚Über die Gewissensfreiheit und religiöse Vereinigungen' mit den internationalen Rechtspflichten der Russischen Föderation“, RG v. 24.04.1999.

8 Föderales Gesetz v. 30.11.2010, Nr. 327-FZ „Über die Übergabe von Eigentum mit religiöser Bedeutung, das sich im staatlichen und kommunalen Eigentum befindet, an die religiösen Organisationen“, Gesetzessammlung der RF 2010, Nr. 49, S. 6423.

der durch die Eltern entsprechend ihren Überzeugungen und mit Rücksicht auf das Recht des Kindes auf Gewissensfreiheit einmischt, und *zweitens*, dass der Staat den weltlichen Charakter der Bildung in den staatlichen und kommunalen Bildungsinstitutionen garantiert. In Russland existiert ein einheitlicher föderaler Bildungsstandard, nach dem die Bildung in den Subjekten der Föderation verwirklicht wird. D.h. im Vergleich zu den Ländern Deutschlands fehlen eigene Bildungsprogramme der Subjekte der RF. Auf dem ganzem Territorium der RF wird das Prinzip der Trennung von weltlicher und religiöser Bildung eingehalten. Aber die religiöse Bildung in den staatlichen Behörden ist nicht völlig ausgeschlossen. So wird die Ausbildung in Erkenntnisdisziplinen erlaubt, die nicht durch die Ausübung von religiösen Ritualen begleitet wird und die informativen Charakter hat.[9] Das betrifft den Unterricht in Religionsgeschichte, Religionswissenschaft und weiteren Lehrfächern. Außerdem gibt die Verwaltung auf Bitte der Eltern oder der Personen, die sie vertreten, mit Zustimmung der Kinder, die an staatlichen und kommunalen Bildungsinstitutionen studieren, den erwähnten Institutionen nach Abstimmung mit dem jeweiligen Organ der kommunalen Selbstverwaltung die Möglichkeit, die Kinder in Religion außerhalb der Bildungsprogramme i.S. eines fakultativen Lehrfaches zu unterrichten.

Der Staat erkennt auch das Recht der Bürger an, zum Zweck der religiösen Erziehung nichtstaatliche Bildungsinstitutionen zu schaffen. Die religiösen Organisationen sind berechtigt, nichtstaatliche Bildungseinrichtungen zu gründen, darunter Einrichtungen der Berufsausbildung. Dabei gibt der Staat gemäß dem Föderalen Gesetz „Über Gewissensfreiheit und religiöse Vereinigungen" Unterstützung beim Unterricht in den allgemeinbildenden Lehrfächern in den durch religiöse Einrichtungen gegründeten Bildungseinrichtungen.

Im politischen Bereich des Lebens der Gesellschaft zeigt sich das Prinzip des weltlichen Staates darin, dass die religiösen Vereinigungen nicht berechtigt sind, an Wahlen und Referenden teilzunehmen, staatliche Funktionen wahrzunehmen, politische Propaganda auszuüben, politische Parteien zu gründen und ihre Tätigkeit finanziell unterstützen zu lassen. Im Übrigen ist es nach dem Föderalen Gesetz vom 11. Juni 2001 Nr. 95-FZ „Über politische Parteien" nicht erlaubt, die Bildung politischer Parteien nach Merkmalen der religiösen Zugehörigkeit vorzunehmen. Dabei untersagt das Gesetz die Äußerung der religiösen Zugehörigkeit nicht nur im Inhalt der Statuten oder Programme der Parteien, sondern auch in der Benennung der Parteien. Gemäß der rechtlichen Position des *Verfassungsgerichts der RF*, die es in der Entscheidung vom 15. Dezember

---

9 Brief des Ministeriums für Bildung vom 19.03.1993 Nr. 47/20-11P „Über den weltlichen Charakter der Bildung in den staatlichen Bildungseinrichtungen der Russischen Föderation" (unveröffentlichtes Dokument), SPS Konsultant Plus.

2004 N 18-P[10] geändert hat, verbindet sich die Benutzung von Worten und Wendungen, die eine direkte Beziehung zu einer Religion haben (z.B. bei ihrer Namensgebung), unmittelbar mit den jeweiligen ideologischen Einstellungen, Programmprinzipien und Zwecken. So sind die Begriffe „christlich", „muslimisch", „orthodox", „katholisch" usw. offensichtlich mit der Religion verbunden, haben religiöse Bedeutung und spiegeln unmittelbar religiöse Gefühle, Interessen und Werte wider. Deshalb wird das Vorhandensein solcher Begriffe bei der Benennung der Parteien im Massenbewusstsein mit den Dogmen der einen oder anderen Religion assoziiert, d.h. als Identifizierung der Partei mit einer der Lehren wahrgenommen und in die Sphäre des politischen Kampfes – darunter der nationalen Frage – übertragen.

Somit kann man in Bezug auf das Prinzip des weltlichen Staates den Schluss ziehen, dass sich religiöse Vereinigungen gerade in der politischen Sphäre von der staatlichen Macht zurückziehen. Das Prinzip des weltlichen Staates bedeutet aber nicht, dass religiöse Vereinigungen vollständig vom gesellschaftlichen Leben isoliert sind. Als Institutionen der Zivilgesellschaft wirken sie aktiv mit dem Staat in den verschiedensten Richtungen zusammen. So wurden zwischen der Russischen Orthodoxen Kirche und den staatlichen Behörden eine Reihe von Übereinkommen über ein Zusammenwirken abgeschlossen, und zwar: die Übereinkunft über das Zusammenwirken zwischen dem Staatlichen Antinarkotischen Komitee und der Russischen Orthodoxen Kirche, die Übereinkunft zwischen der Russischen Orthodoxen Kirche und dem zuständigen Ministerium über das Zusammenwirken im Bereich der Hilfeleistung für die Bevölkerung in Notfällen, die Übereinkunft über die Zusammenarbeit zwischen dem Departement zum sozialen Schutz der Bevölkerung der Stadt Moskau und der Moskauer Diözese der Russischen Orthodoxen Kirche der Stadt Moskau, die Übereinkunft über die Zusammenarbeit zwischen dem Departement für Gesundheitswesen der Stadt Moskau und der Moskauer Diözese der Russischen Orthodoxen Kirche u.a.m. Ähnliche Übereinkommen werden auch mit den anderen religiösen Organisationen abgeschlossen.[11]

Das Prinzip des weltlichen Staates sieht eine gewisse Balance zwischen der weltlichen Gewalt und den religiösen Organisationen vor. Der Staat soll eine solche Politik betreiben, um diese Balance beizubehalten und sie nicht zu verlet-

---

10 *Verfassungsgericht der RF*, Entscheidung v. 15.12.2004, N 18-O „Zur Prüfung der Verfassungsmäßigkeit des Art. 9 P. 3 des Föderalen Gesetzes ‚Über die politischen Parteien' in Verbindung mit einer Anfrage des Kopteker Rayongerichts der Stadt Moskau, einer Beschwerde der allrussischen gesellschaftspolitischen Organisation ‚Orthodoxe Partei Russlands' und der Bürger Artemova und Sarina", SZ RF Nr. 51 2004, S. 5260.

11 Offizielle Seite der Synodalen Abteilung für kirchliche Wohltätigkeit und sozialen Dienst der Russischen Orthodoxen Kirche (Elektronischer Dienst) vom 30.01.2012.

zen. Die religiösen Organisationen sollen ihrerseits Funktionen der Zivilgesellschaft erfüllen und sich nicht in staatliche Einrichtungen verwandeln. Die Beibehaltung dieser Balance ist eine äußerst komplizierte Angelegenheit, besonders unter den Bedingungen der multikonfessionellen Gesellschaft. Das Zusammenwirken des Staates mit den kirchlichen Organisationen soll das Zusammenwachsen der Kirche mit dem Staat ausschließen, denn das kann dazu führen, den staatlichen Mechanismus zur Gesinnungsverfolgung auszunutzen.[12] In Verbindung damit kann man eine Reihe von z.Z. existierenden Problemen hervorheben:

- In der RF existiert das Problem der tatsächlichen Gewährleistung der Weltlichkeit in der Bildung und Tätigkeit der Organe der Staatsmacht. Dieses Problem ist besonders für die „muslimischen Regionen" des Landes aktuell.
- Wenn der Staat das Prinzip der Gleichberechtigung aller religiösen Vereinigungen verkündet, muss er seine Bürger vor der Tätigkeit verbrecherischer Gemeinschaften, die sich als religiöse Vereinigungen tarnen, schützen.[13] Dafür muss ein wirkungsvoller juristischer Mechanismus der Kontrolle der Tätigkeit der religiösen Vereinigungen geschaffen werden, der dabei das Prinzip des weltlichen Staates nicht verletzt.
- Der Kampf gegen den Terrorismus auf dem Territorium Russlands führt zur Erhöhung der Islamophobie im Lande, die durch die Mittel der Massenkommunikation auf jede Weise unterstützt wird.
- Die Einheit staatlicher und geistlicher Elemente muss nicht ad absurdum geführt werden. Z.Z. zeigt sich die Tendenz der vollen Unterstützung der Politik des russischen Staates durch die Russische Orthodoxe Kirche. Die Russische Orthodoxe Kirche ihrerseits nutzt die direkte Teilnahme der Obrigkeit an ihrer Tätigkeit. Seitens der Russischen Orthodoxen Kirche wird keine Kritik an der Macht formuliert – und all dies unter den Verhältnissen des Anwachsens der Kriminalität, der Rauschgiftsucht und Kleingeisterei.[14] Als eine Institution der Zivilgesellschaft sollte die Kirche die Interessen der Bürger vor dem Staat schützen und sich nicht als Teil des staatlichen Apparates entwickeln.

---

12 *Kutafin*, Der russische Konstitutionalismus, Moskau 2008, S. 410.

13 *Terechin/Metscherjakova*, Der weltliche Staat im gegenwärtigen Russland: Begriff und Inhalt, Russische Justiz Nr. 3, 2010, S. 45 - 48.

14 *Dobrochotov*, Die Kirche und die Gesellschaft in Russland: gestern und heute, Nationale Interessen Nr. 1 (71), 2011, S. 25 f.

Integration von Zuwanderern als eine neue Aufgabe des Staates – dargestellt am Beispiel der öffentlichen Schule in NRW

*Oxana Syuzyukina**

Mit der Zuwanderung sind den Nationalstaaten neue Aufgaben zugewachsen: sog. Integrationsaufgaben. Im freiheitlichen Verfassungsstaat ist die Integration keine exklusive Aufgabe des Staates. Sie ist eine *„gleichsam kondominiale Aufgabe"* der Gesellschaft und des Staates.[1] Integration bedeutet daher nicht nur die bloße Eingliederung des Zuwanderers in die Aufnahmegesellschaft. Sie ist Voraussetzung für die Herstellung der gesamtgesellschaftlichen Einheit, ohne die ein Zusammenleben in einem freiheitlichen demokratischen Verfassungsstaat nicht funktionieren kann. In diesem Prozess kommt den öffentlichen und privaten Schulen eine bedeutende Rolle zu. In dem Beitrag wird der Versuch unternommen, dies am Beispiel der öffentlichen Schule im Land NRW darzustellen.

I. Die Integrationsaufgabe des demokratischen Staates

In der Bundesrepublik Deutschland ist die Integration von Zugewanderten als gemeinsame Schlüsselaufgabe von Staat und Gesellschaft und *„eine Aufgabe von nationaler Bedeutung"* anerkannt.[2] Sie ist aber keine gleichartige Aufgabe, denn die Mitglieder der Gesellschaft sollen im Rahmen der Rechtsordnung in die Aufnahmegesellschaft freiwillig integriert werden, während der Staat eine bindende Aufgabe hat. Er verpflichtet sich zur dauerhaften Freiheitsgewähr. Der Staat hat somit eine integrationsunterstützende Aufgabe, die darin besteht, den staatstragenden Konsens zu fördern, integrationsaffirmative Potenzen zu stärken und das Recht an diesen Aufgaben auszurichten.[3] Damit werden Bedingungen

---

* Die Verfasserin ist ist Diplom-Journalistin, Juristin und wissenschaftliche Mitarbeiterin am Lehrstuhl für Rechtsgeschichte, Rechtsphilosophie i.V.m. Öffentlichem Recht (*Prof. Dr. Carola Schulze*) an der Juristischen Fakultät der Universität Potsdam sowie Doktorandin bei *Prof. Dr. Eckart Klein* zum Thema *„Die Ausländerintegration in der Bundesrepublik Deutschland und der Russischen Föderation"*.

1 *Uhle*, Innere Integration, in: Handbuch des Staates, Bd. IV, 3. Aufl. 2006, § 82 Rn. 46.

2 Der Nationale Integrationsplan, Neue Wege – Neue Chancen, 2007, S. 7 und 12; *Klein*, Integration in Freiheit – Chancen und Hindernisse. Eine Einführung, in: Bitburger Gespräche, Jahrbuch 2010/I, S. 12.

3 Vgl. *Uhle* (Anm. 1), § 82 Rn. 44.

seines dauerhaften Bestandes gepflegt, um im freiheitlichen demokratischen Verfassungsstaat langfristig die Freiheit zu sichern. Hierzu ist er seiner Funktion nach verpflichtet: Durch seine Unterstützung der gesellschaftlichen Integrationsleistungen in freiheitsgerechter Weise gibt er der verfassungsrechtlichen Ordnung der Freiheit eine Zukunft und folgt seiner eigentlichen Berufung. Allerdings hat der Staat für das Gelingen der Integration nur die letzte Verantwortung. Die eigentliche Leistung für die Integration soll der Einzelne selbst erbringen und sich anstrengen, sich in die deutsche Gesellschaft einzugliedern. Das einzelne Gesellschaftsmitglied entscheidet sich, ob es die kulturell beeinflusste tatsächliche Verfassung annimmt oder nicht. In diesem Zusammenhang soll die Integration im freiheitlichen Verfassungsstaat vor allem eine *„gesellschaftliche Selbstintegration“* sein.[4] Der Staat darf sich nur dann und dort als Mittler einschalten, wo der selbstregulative Integrationsprozess scheitert. Es handelt sich hierbei um eine *„konkurrierende“*, subsidiäre Aufgabe des Staates,[5] also um solche Tätigkeiten, *„mit welchen er nur ordnend, unterstützend, fördernd oder abwehrend zu individuellen und sozialen Lebensäußerungen hinzutritt“*[6].

II. Die Schule als institutioneller Integrationsfaktor

Die Integration der Zuwanderer ist eine verfassungsrechtliche Pflichtaufgabe.[7] Die staatlichen Institutionen, etwa die öffentliche Schule, sind zur Umsetzung dieses Auftrages im Rahmen des ihnen zugewiesenen Aufgabenbereiches verpflichtet. Die staatliche Schule ist daher für die Bildung und Erziehung der zugewanderten Kinder wie auch für ihre Integration verantwortlich. Sie bildet einen wichtigen und effektiven institutionellen Integrationsfaktor. Die schulische Erziehung unterscheidet sich in vielen Bereichen von der elterlichen Erziehung: Einerseits weckt und stärkt sie die soziale Kompetenz der einzelnen Schüler. Andererseits ist sie auf *„die Heranbildung verantwortlicher Staatsbürger, die gleichberechtigt und verantwortungsbewusst an den demokratischen Prozessen in einer pluralistischen Gesellschaft teilhaben“*[8] fokussiert. Die in der Schulgemeinschaft stattfindende schulische Erziehung zielt – wohl auch nicht weniger

---

4 Vgl. *Uhle* (Anm. 1), § 82 Rn. 42.

5 *Isensee*, Integration mit Migrationshintergrund, in: JZ 2010, S. 318; *Isensee*, Staatsaufgaben, in: HStR, Bd. IV, 3. Aufl. 2006, § 73 Rn. 27, 65 ff.

6 Vgl. *Jellinek*, Allgemeine Staatslehre, 1914, S. 255 ff., zit. nach *Isensee* (Anm. 5), § 73 Rn. 27, 65 ff. Konkurrierende Staatsaufgaben gelten für die staatlichen Bildungs-, Kultur- und Wirtschaftsförderung, für das Schulwesen wie auch für die Daseinsvorsorge.

7 *Langenfeld*, Integration und kulturelle Identität zugewanderter Minderheiten, 2001, S. 370; *Robbers*, Ausländer im Verfassungsrecht, in: Benda (Hrsg.), HVerfR, 2. Aufl. 1994, § 11 Rn. 20.

8 *BVerfG*, Beschl.. v. 31.05.2006 – 2 BvR 1693/04 (Schulpflicht) – K 8, 151 (156).

als die schulische Bildung – darauf, dem einzelnen jungen Menschen sowohl die soziale, als auch die kulturelle Integration in das freiheitlich-demokratische Gemeinwesen des Grundgesetzes zu ermöglichen und sie erheblich zu erleichtern. Neben dem Erlernen der grundlegenden Kulturtechniken und der Entfaltung der vorhandenen kognitiven und intellektuellen Fähigkeiten ist sie darauf gerichtet, *„die emotionalen und affektiven Anlagen der Schüler zur Entfaltung zu bringen“*[9]. Das Schulgeschehen soll darauf angelegt sein, die Persönlichkeitsentfaltung junger Menschen umfassend zu fördern und vor allem auch darauf, ihr soziales Verhalten zu beeinflussen. Wie *M. Jestaedt* zu Recht ausführt, avanciert die Schule zur *„Keimzelle des demokratischen Gemeinwesens“*, indem sie *„durch ihr Bildungs- und Erziehungsprogramm sowie durch die Art und Weise der Kollektivunterrichtung auf eine soziale wie kulturelle (Mindest-)Integration im Sinne der freiheitlichen demokratischen Leitkultur zielt und die ‚Spielregeln' des grundgesetzlichen Gemeinwesens einübt“*[10]. Nicht zuletzt kann der freiheitlich demokratische Staat kraft seines Bildungs- und Erziehungsauftrages in der öffentlichen Schule grundsätzlich unabhängig von den Eltern eigene Erziehungsziele durchsetzen. Daher hat die öffentliche Schule für die Integration der Zuwanderer eine hervorragende Bedeutung.

III. Die Rechtslage und Praxis zur Zuwandererbeschulung in Deutschland – dargestellt am Beispiel des Landes NRW

In Deutschland sind in erster Linie die Länder für die Ausgestaltung des Bildungswesens verantwortlich. Der Bund hat auf diesem Gebiet weder eine Gesetzgebungsbefugnis noch eine Verwaltungshoheit. Die Länder sind kraft der grundgesetzlichen Normen der Art. 7, 30 und 70 ff. die *„ausschließlichen Träger der Kulturhoheit“*.[11] Der staatliche Auftrag zur Gewährleistung von Bildung und Ausbildung ist durch das primär zuständige Landesverfassungsrecht vielfach detaillierter gestaltet. So definieren die meisten Landesverfassungen nach dem Vorbild der WRV die Bildungs- und Erziehungsziele und gewährleisten auch das Recht auf freien und gleichen Zugang zu den öffentlichen Bildungseinrichtungen. Im Allgemeinen bedienen die Verfassungen der Länder ein recht weites schulrechtliches Themenspektrum: Schulbesuchspflicht, Unentgeltlich-

---

9 Vgl. *Jestaedt*, Schule und außerschulische Erziehung, in: *Isensee/Kirchhof* (Hrsg.), HStR Bd. VII, 3. Aufl. (2009), § 156 Rn. 43; *BVerfG*, Urt. v. 16.05.1995 – 1 BvR 1087/91 (Kruzifix) – E 93, 1 (20).

10 *Jestaedt* (Anm. 9), § 156 Rn. 44.

11 Allerdings ist im deutschen Grundgesetz als Gemeinschaftsaufgabe ausdrücklich die Möglichkeit vorgesehen, dass Bund und Länder aufgrund von Vereinbarungen, die auch die Kostenaufteilung regeln können, bei der Bildungsplanung zusammenwirken (vgl. Art. 91b II GG), so dass auch der Bund einen erheblichen Einfluss nehmen kann.

keit des Unterrichts und der Lernmittel, staatliche Schulaufsicht, Pflege der deutschen Sprache, Schularten, Regelung des Schulzugangs, Ausbildungsmöglichkeiten, Regime des Religionsunterrichts und der Privatschule, etc.

1. Ausländerspezifische Daten zu den Schulformen

Das Bundesland NRW ist das Land mit dem größten Ausländeranteil: Insgesamt leben hier ca. 1,85 Mio. Ausländer,[12] die überwiegend aus der Türkei (558.113 Personen), der Russischen Föderation (42.621) und dem außereuropäischen Ausland (313.151) stammen.[13] Nach statistischen Angaben waren zum 31.12.2009 rund 12 % der ausländischen Bevölkerung unter 16 Jahre alt, d.h. noch schulpflichtig. Die gesamte Schülerzahl betrug im Schuljahr 2010/2011 2.754.304. In allgemeinbildenden Schulen wurden insgesamt 2.141.284 Schüler beschult, in den beruflichen Schulen (Berufskolleg und Förderschule im Bildungsbereich) lediglich 613.020. Darunter sind in allen Schulformen 289.394 ausländische und 67.220 ausgesiedelte Schüler beschult worden. Während im Schuljahr 2010/11 14,9 % der ausländischen Schüler Grundschüler waren, besuchten 88,6 % der deutschen Schüler (darunter ausgesiedelte Kinder 3,5 %) eine Grundschule. Bemerkenswert ist die Tatsache, dass in den öffentlichen und privaten Schulen des Landes ca. 95,4 % der deutschen Schüler (darunter 0,8 % der Spätaussiedler) und nur 4,6 % der ausländischen Schüler das Gymnasium besuchten. Die ausländischen und ausgesiedelten Schüler werden vor allem in der Hauptschule und Gesamtschule beschult, ihr Anteil beträgt hier also 26,5 % und 17,0 %. Nur 77,9 % der Schüler mit deutschem Pass, darunter 4,5 % der Spätaussiedler, waren Hauptschüler. Im Unterschied dazu besuchten 89,7 % der deutschen Schüler die Realschule, wobei der Anteil an ausländischen und ausgesiedelten Schülern hier 12,5 % beträgt. Aus der angegebenen Statistik ergibt sich, dass die ausländischen Schüler an den Haupt- und Sonderschulen überrepräsentiert und an den Realschulen und Gymnasien entsprechend unterrepräsentiert sind. Auch nationalitätenspezifisch betrachtet, zeigen sich unter den Gruppen ausländischer Schüler deutliche Unterschiede bei der Verteilung auf die Schulformen. Mehr als die Hälfte der türkischen Schüler besuchten in NRW die

---

12 Die Gesamtbevölkerungszahl von NRW beträgt 17,8 Mio. Personen.

13 Zentraler Statistischer Auskunftsdienst, Stand: Juli 2010. Hinzuweisen ist darauf, dass die Bestandszahlen über Ausländer aus dem AZR und aus der Bevölkerungsfortschreibung infolge unterschiedlicher Abgrenzungen voneinander abweichen. Die Ausländerzahlen aus dem AZR sind niedriger als diejenigen aus der Bevölkerungsfortschreibung, weil das AZR nur diejenigen Ausländer erfasst, die sich länger als 3 Monate in Deutschland aufhalten, eine Aufenthaltsgenehmigung oder Asyl beantragt haben oder von einer ausländerrechtlichen Maßnahme betroffen sind.

Gesamtschule. Generell hat die Schülerschaft in NRW eine ausgeprägte Interkulturalität.[14]

Ohne Hauptschulabschluss haben 8.460 deutsche Schüler im Schuljahr 2010/11 die allgemeinbildenden Schulen verlassen, also 4,6 % der Schüler, hingegen haben 3.469 ausländische und ausgesiedelte Schüler oder 11,1 % keinen Hauptschulabschluss.

2. Gesetzliche Regelung der Schulpflicht in NRW

Die allgemeine Schulpflicht beginnt für alle Kinder in Deutschland mit dem 6. Lebensjahr und dauert i.d.R. 11 bis 12 Jahre, wovon mindestens 9 Jahre auf die allgemeinbildenden Schulen kommen müssen.[15] Die allgemeine Schulpflicht in NRW besteht gem. Art. 8 II LVerf NRW. Nach § 34 I SchulG NRW[16] erstreckt sie sich auf alle Kinder und Jugendlichen, die in NRW ihren Wohnsitz oder ihren Aufenthalt oder ihre Ausbildungs- oder Arbeitsstätte haben. Auch ausländische Kinder unterliegen der allgemeinen Schulpflicht, wenn sie die Voraussetzungen dafür erfüllen. Von der Schulpflicht erfasst sind die Kinder von Asylbewerbern und alleinstehende Kinder und Jugendliche, die einen Asylantrag gestellt haben, sobald sie einer Gemeinde zugewiesen sind und solange ihr Aufenthalt gestattet ist (vgl. § 34 VI 1 SchulG NRW). Die ausreisepflichtigen ausländischen Kinder und Jugendliche sind nur bis zur Erfüllung ihrer Ausreisepflicht schulpflichtig.

Die Schulpflicht ist durch den Besuch einer öffentlichen Schule oder Ersatzschule zu erfüllen. Sie erstreckt sich auf den regelmäßigen Besuch des Unterrichts und der übrigen verbindlichen Veranstaltungen der Schule, die den Bildungs- und Erziehungszielen der Schule dienen, sowie auf die Schulausflüge und auf die Einhaltung der Schulordnung. Das SchulG NRW regelt auch die Möglichkeit der Unterrichtsbefreiung und Beurlaubung aus wichtigen Gründen (§ 43 III SchulG NRW). Rechtfertigende wichtige Gründe für eine Befreiung liegen dann vor, wenn die Teilnahme am Unterricht oder einer sonstigen Schulveranstaltung dem Schüler aus gesundheitlichen, aus Gewissens- oder aus finanziellen Gründen nicht zugemutet werden kann.[17]

---

14 Bundesweit betrachtet stammt der Hauptanteil ausländischer Schüler aus den ehemaligen Anwerbeländern, insbesondere aus der Türkei.

15 In Berlin, Brandenburg und Bremen gibt es 10 Vollzeitschuljahre, in Nordrhein-Westfalen am Gymnasium – 9 und an anderen weiterführenden allgemeinbildenden Schulen – 10 Vollzeitschuljahre.

16 SchulG NRW v. 15.02.2005 (GVBl. NRW, S. 102), zuletzt geändert am 15.04.2011 (GVBl. NRW, S. 205).

17 *Oeynhausen*, Rechtshandbuch Schule Nordrhein-Westfalen, 1994, Rn. 368.

3. Die Beschulung der zugewanderten Kinder in der Schulpraxis

a) Inhalt der Beschulung

Mit KMK[18] und einer Vielzahl von Verwaltungsabkommen der Länder[19] wurde in Deutschland ein Instrument für die Zusammenarbeit und Kooperation im Bildungsbereich, vor allem im Schulbereich, geschaffen. Das schulische Problem der zugewanderten Kinder wurde von der KMK frühzeitig erkannt. Die ersten KMK-Beschlüsse, die explizit auf die Zuwanderung von Gastarbeitern und deren Kindern fokussiert sind, sind bereits in den Jahren 1964 und 1971 erlassen worden. Sie haben die bildungspolitische Grundlage dafür geschaffen, um eine gemeinsame (nicht mehr separate, wie früher) Beschulung von in- und ausländischen Schülern in den deutschen Schulen und eine Integration ausländischer Schüler in den deutschen Klassenverbund zu ermöglichen. Hier sind auch wesentliche Grundsätze verankert, die bis dato als Kernelemente der Ausländer- und Integrationspolitik in Deutschland fortwirken: die Festschreibung der Schulpflicht, die Verbesserung der Deutschkenntnisse von ausländischen Kindern durch zusätzlichen Unterricht und die Erteilung muttersprachlichen Unterrichts in den deutschen Schulen. Die KMK-Beschlüsse Anfang der 70er Jahre wurden auf der Länderebene konkret umgesetzt. Dadurch wurden auch in NRW die Grundlagen für die Beschulung der Zuwandererkinder geschaffen. Kraft Gesetzes sind die allgemeinen schulrechtlichen Regelungen auch auf die ausländischen und ausgesiedelten Kinder anzuwenden.[20]

Nach § 2 X SchulG NRW fördert die Schule die Integration von ausländischen Schülern durch Angebote zum Erwerb der deutschen Sprache.[21] Bereits vor dem Schuleintritt werden in NRW die Zuwandererkinder sprachlich gefördert. Seit 2006 gilt eine wichtige Klausel – § 36 SchulG NRW – für die vorschu-

---

18 Ausführlich dazu *Oppermann*, Kulturverwaltungsrecht, Bildung-Wissenschaft-Kunst, 1969, S. 565.

19 Die Beschlüsse der KMK, in: Ständige Konferenz der Kultusminister der Länder, Sammlung der Beschlüsse der Ständigen Konferenz der Kultusminister der Länder in der BRD, Loseblattsammlung, 1963 ff., Bd. 1 - 5. Zu den Beschlüssen der KMK zur Beschulung von Kindern und Jugendlichen ausländischer Herkunft ausführlich *Langenfeld*, Integration und kulturelle Identität zugewanderter Minderheiten, 2001, S. 28 - 44.

20 Nach § 1 I SchulG NRW hat jeder junge Mensch ohne Rücksicht auf seine wirtschaftliche Lage und Herkunft und sein Geschlecht ein Recht auf Schulbildung, Erziehung und individuelle Förderung.

21 Während in NRW, wie auch bundesweit, das Angebot zum Erwerb der deutschen Sprache stets aktiv praktiziert wird, ist die Sprachförderung der zugewanderten Kinder in den öffentlichen Schulen Russlands lediglich flächenmäßig gedeckt. Praktiziert wird dies vor allem in einigen Schulen in Moskau und St. Petersburg. Geplant ist die Einführung der russischen Sprache für Zuwandererkinder in Tomsk und im Tomsker Gebiet.

lische Beratung und Sprachförderung sowie die Feststellung des Sprachstandes der eingeschulten Kinder: Danach erfolgt die Sprachentwicklungsfeststellung zwei Jahre vor der Einschulung des Kindes.[22] Beherrscht das Kind die deutsche Sprache nicht hinreichend und wird es nicht in einer Tageseinrichtung für Kinder sprachlich gefördert, soll das Schulamt nach § 36 II 2 SchulG NRW das Kind verpflichten, an einem vorschulischen Sprachförderkurs teilzunehmen. Dadurch soll gewährleistet werden, dass jedes Kind bereits vom Beginn des Schulbesuchs an dem Schulunterricht folgen und sich daran beteiligen kann, vgl. § 36 II 3 SchulG NRW.

Laut § 2 X 3 SchulG NRW werden ausländische Schüler in den nordrhein-westfälischen Schulen, wie auch in anderen Bundesländern, gemeinsam mit anderen Schülern unterrichtet bzw. besuchen sie grundsätzlich Regelklassen in ihrer Schule und werden zu den gleichen Abschlüssen geführt. Bereits in den 70er Jahren verzichtete NRW auf das Prinzip der separaten Beschulung und der Nationalklassenbildung: In einem Erlass des nordrhein-westfälischen Kultusministeriums aus dem Jahr 1971 wird daher explizit auf die Gefahr segregierender Effekte der Übergangsklassen hingewiesen.[23] Diese frühzeitige schulpraktische Umsetzung unterscheidet NRW von vielen Bundesländern in Deutschland, die den Integrationsgrundsatz lediglich in ihren einschlägigen Erlassen niedergelegt haben. Eine gemeinsame Beschulung von ausländischen und deutschen Schülern wird im Erlass von 2009 hervorgehoben, weil sie ein gegenseitiges Verständnis schafft und einen besonderen Beitrag für die schulische und gesellschaftliche Integration der zugewanderten Schüler leistet.[24] Außerdem sind hier die wesentlichen Bestimmungen bzgl. der Beschulung der zugewanderten Schüler zusammengefasst, etwa individuelle Förderung der deutschen Sprache, Vorbereitungsklassen, muttersprachlicher und herkunftssprachlicher Unterricht.

b) Bildungsbezogene Probleme der zugewanderten Kinder

Trotz des vielfältigen Angebots der Schule zum Erlernen der deutschen Sprache und zur Verbesserung der Bildungschancen der zugewanderten Kinder lassen sich nach wie vor Bildungsdefizite bei den Zuwandererkindern feststellen. Sie wurden bereits in zahlreichen empirischen Studien und internationalen Vergleichsstudien PISA und IGLU nachgewiesen. Im Vergleich zu anderen Ein-

22 Eine ähnliche Arbeitsweise ist weder in der UdSSR praktiziert worden, noch wird sie in der Russischen Föderation praktiziert, obwohl ethnische Minderheitenkinder in der Sowjetunion direkt in die Vorklasse aufgenommen und mit allen Kindern alle Fächer zusammen unterrichtet worden sind.

23 Vgl. auch *Hunger*, Schulerfolg und bildungspolitische Integrationsmodelle im Vergleich der Zuwanderungsnationalitäten und Bundesländer, 1999, S. 27 ff.

24 Vgl. Erlass v. 21.12.2009 zum „Unterricht für Schülerinnen und Schüler mit Zuwanderungsgeschichte, insbesondere im Bereich der Sprachen“.

wanderungsländern werden die Disparitäten zwischen zugewanderten und deutschen Schülern – trotz der Verbesserungen seit PISA 2000 – in der Bundesrepublik als besonders groß eingeschätzt.[25]

Das Problem der Bildungsbenachteiligung von zugewanderten Kindern besteht nicht nur darin, dass sie eine schlechte Sprachkompetenz und eine niedrige Lesekompetenz aufweisen, sondern resultiert auch aus der Struktur des deutschen Bildungssystems, u.a. aus der frühen Selektionsentscheidung. Dies wurde bereits Ende der 90er Jahre am Beispiel der Länder NRW und Hessen erkannt, in denen weiterführende Schulabschlüsse anbietende Gesamtschulen für viele ausländische Schüler Erfolg versprachen, während in Bayern beispielsweise dieser Schultypus fehlte. Ein dreigliedriges Schulsystem wirkt auf Zuwanderer nachteilig. Laut einer Studie sind die Chancen zugewanderter Grundschüler, für das Gymnasium vorgeschlagen zu werden, um das Fünffache geringer als die ihrer deutschen Mitschüler.[26] Hier spricht man auch von der besonders ausgeprägten sozialen und ethnischen Selektivität des deutschen Schulsystems, die als wichtige Ursache der Aussonderung vor allem beim Übergang vom Primar- zum Sekundarbereich hervortritt. Dazu bietet die deutsche Halbtagsschule zeitlich begrenzte schulische Lernmöglichkeiten und überlässt den Schülern mehr Zeit zum Selbstlernen. Für die Lernentwicklung des Kindes ist daher außerschulische Unterstützung erforderlich, sodass diejenigen Eltern, die kein Deutsch beherrschen oder aus niedrigen sozialen Schichten stammen, ihre Kinder nicht unterstützen können. Dafür geplante Ganztagsschulen sind allerdings in vielen Bundesländern noch nicht eingerichtet.

Die deutschen Schulen befinden sich somit gegenwärtig auf der Suche nach einem erfolgversprechenden Modell für die Verbesserung der Bildungserfolge der Schüler. Ein Beispiel dafür sind die öffentlichen Schulen des Landes NRW.

4. Schulische Modellversuche in NRW

Im Vergleich zu anderen europäischen Ländern gibt es in Deutschland eine Vielzahl von Schulformen. Die Gliederung in Schulstufen in NRW ist in § 10 SchulG NRW festgelegt. Danach lässt sich das Schulsystem des Landes struktu-

---

25 *Söhn*, Rechtsstatus und Bildungschancen: Die staatliche Ungleichbehandlung von Migrantengruppen und ihre Konsequenzen, 2011, S. 15; *Herwartz-Emden*, Migrant/-innen im deutschen Bildungssystem, in: Bildungsministerium für Bildung und Forschung (Hrsg.), Bildungsreform, Bd. 14, 2007, S. 7 - 24; *Walter/Taskinen*, Kompetenzen und bildungsrelevante Einstellungen von Jugendlichen mit Migrationshintergrund in Deutschland: Ein Vergleich mit ausgewählten OESD-Staaten, in: PISA-Konsortium Deutschland (Hrsg.), PISA 2006, Die Ergebnisse der dritten internationalen Vergleichsstudie, 2007, S. 337 - 366.

26 *Schömann* (Hrsg.), Migration und soziale Ungleichheit: Integrationschancen zwischen Institution und Biographie, 2007, S. 8.

rell in drei Schulstufen (Primar-, Sekundarstufe I und II) und in die Schulformen (Grundschule – Primarstufe; Hauptschule, Realschule, Gesamtschule und Gymnasium – Sekundarstufe I sowie Berufskolleg, gymnasiale Oberstufe und Gesamtschule – Sekundarstufe II) einteilen. Das differenzierte Schulstruktursystem in NRW erlaubt – ebenso wie die Schulsysteme in anderen Bundesländern – den Erwerb einer Vielzahl unterschiedlicher Abschlüsse, die regelmäßig aufeinander aufbauen.

Eine der meist besuchten Schulformen von ausländischen Schülern ist die Gesamtschule. In NRW existieren insgesamt 225 Schulen dieser Art. Die Gesamtschule des Landes erweitert das traditionelle dreigliedrige Schulsystem und ist eine eigene Schulform, so wie Grund-, Haupt-, Realschule und Gymnasium.[27] Sie umfasst die Klassen 5 bis 10 und die gymnasiale Oberstufe.

Für die Chancengleichheit und Verbesserung der Bildungsabschlüsse aller Schüler sowie für die Verhinderung eines Schulsterbens im Land aufgrund der demographischen Entwicklung hat NRW im Schuljahr 2011/12 als Modellversuch die Bildungsreform gestartet. Das Modellvorhaben wird auf der Grundlage des § 25 SchulG NRW durchgeführt. Im Zuge der Bildungsreform sollen im Land Gemeinschaftsschulen eingerichtet werden. Laut Vereinbarung der Landesregierung soll bis zum Jahr 2015 rund ein Drittel der weiterführenden Schulen in der Sekundarstufe I in Gemeinschaftsschulen umgewandelt werden.[28] Die Gemeinschaftsschule soll eine Ganztagsschule sein, die gymnasiale Standards mit einschließt und ein längeres gemeinsames Lernen gewährleistet. Vor allem in den Klassen 5 und 6 wird für alle Schüler gemeinsamer Unterricht erteilt. Die Vorgehensweise ab Klasse 7 ist von der Schule, dem Schulträger und den Eltern zu entscheiden: entweder integrierter oder nach Bildungsgängen differenzierter Unterricht.[29] In der Gemeinschaftsschule werden alle Schüler mit unterschiedlichen Begabungen und Biografien gemeinsam beschult. Gemeinsamer Unterricht ist als vorteilhaft anzusehen, da alle Kinder – unabhängig von der sozialen oder ethnischen Herkunft – gleiche Bildungschancen haben. Vor allem hat der einzelne Schüler die Chance, die Schule mit besseren Abschlüssen abzuschließen und in eine berufliche Ausbildung überzugehen.

Nach dem Modellprojekt ist in der Gemeinschaftsschule bei entsprechender Qualifikation nach 9 Jahren das Abitur zu erwerben. Am Ende der 10. Klasse

---

27 Vgl. *Birnbaum*, in: *Oeynhausen/Birnbaum*, Schulrecht NRW, Handbuch für die Praxis mit Datenschutzrecht und Lehrerdienstrecht, 2. Aufl. 2005, S. 229.

28 Koalitionsvertrag zwischen der NRW-SPD und Bündnis 90/Die Grünen-NRW v. 06.07.2010, S. 5, `http://bildungsklick.de/datei-archiv/md/147/koalitionsvertrag-2010-2015-6.7.2010.pdf`, Abruf am 26.09.2011.

29 Siehe unter `www.schulministerium.nrw.de`, Abruf am 28.09.2011.

werden alle Abschlüsse der Sekundarstufe I (Hauptschulabschluss, mittlerer Schulabschluss) auf die gleiche Weise wie in den anderen Schulformen vergeben. Um die Effektivität zu erhöhen sollten jedoch die Unterrichtsplanung oder reformierte Lehrinhalte neu gestaltet werden, die sich sowohl an den Lehrplänen aller Schulformen orientieren als auch die Lehrer-Schüler-Beziehungen in der Schule verbessern sollen.

Schließlich ist noch auf ein weiteres Projekt der westfälischen Schulen hinzuweisen – die Einführung des umstrittenen islamischen Religionsunterrichts. Bereits seit 10 Jahren wird in NRW islamkundlicher Unterricht erteilt, der den Anforderungen des deutschen Grundgesetzes nicht gerecht wird. Die Auffassung der Kultusministerkonferenz aus dem Jahre 1984, einen islamischen Religionsunterricht einzuführen, ist noch nicht praxisbezogen umgesetzt. Zu begrüßen ist daher die Einigung zwischen dem Schulministerium NRW und den im Koordinationsrat der Muslime vertretenen muslimischen Gemeinschaften über den Weg zu einem bekenntnisorientierten Islamunterricht im Land. Ab dem Schuljahr 2012/2013 wird daher NRW als erstes Bundesland flächendeckend den islamischen Religionsunterricht einführen. So wäre ein regulärer Religionsunterricht für die etwa 320.000 muslimischen Schüler im Land möglich. Dafür sind jedoch noch die organisatorischen und rechtlichen Vorbedingungen zu schaffen.

Aktuelle rechtliche Probleme der Migration in der Russischen Föderation

*Olga Gulina**

Die Steuerung und Optimierung der Zuwanderung innerhalb Russlands ist ein äußerst wichtiges Thema. Die Überalterung der Bevölkerung, die rückgängige Geburtenrate und die geringe Mobilität der russischen Staatsangehörigen innerhalb des Landes erhöhen die Bedeutung der zukünftigen Zuwanderungspolitik. Die Zuwanderungsforschung in Russland ist bisher wenig entwickelt und nur in Teilbereichen, wie den sozial-ökonomischen und historischen Aspekten und der Migration, ausgearbeitet. Deswegen ist die Frage, wie das gegenwärtige Russland seine Zuwanderungsströme im Rahmen der Gesetzgebung steuert, von außerordentlicher Wichtigkeit.

Der Beitrag untersucht folgende Aspekte der gegenwärtigen Zuwanderungspolitik Russlands: die Zuwanderungsströme des Landes, die rechtliche Analyse der existierenden Zuwanderungsgesetzgebung und Vorschläge für eine neue rechtliche Migrationsgesetzgebung auf der Grundlage der staatlichen Zuwanderungskonzeption vom 27. März 2012.

I. Überblick über die gegenwärtigen Zuwanderungsströme innerhalb Russlands

Gegenwärtig ist Russland – neben Deutschland und den USA – das Land mit der stärksten Zuwanderung.[1] Nach Angaben der UNO leben dort 12,3 Mio. Migranten (8,7 % der gesamten Bevölkerung), die vorrangig aus der ehemaligen UdSSR kamen. Die größte Zuwanderungsgruppe bilden die Arbeitsmigranten und deren Familienmitglieder. In aller Kürze sollen die Typen der Migranten in Russland vorgestellt werden.

---

* *Dr. iur. Olga Gulina* ist Kandidatin der juristischen Wissenschaften und Dozentin am Juristischen Institut beim Ministerium der Justiz der RF in Samara.

1 United Nations – Department of Economic and Social Affairs (UN/DESA): International Migrant Stock: The 2008 Revision, in: `www.un.org/esa/population/migration/UN_MigStock_2008.pdf` (abgerufen am 19.03.2012).

1. Arbeitsmigration

Nach Angaben des FMS[2] besitzen 1,2 Mio. ausländische Migranten eine Arbeitserlaubnis; 3,9 Mio. Menschen reisten aus touristischen Zwecken nach Russland ein; 4,3 Mio. ausländische Bürger kamen als private, familiäre Besucher in das Land und haben sich nicht rechtzeitig und gesetzmäßig angemeldet. Demzufolge betrachtet der FMS diese Zuwanderungsgruppe als „potenzielle Verletzer des Zuwanderungsgesetzes".[3] Um diese Situation zu ändern und die o.g. Zuwanderungsgruppe zu legalisieren, wurde am 19. Mai 2010 Art. 13.3. des Gesetzes „Über den rechtlichen Status der ausländischen Bürger in der Russischen Föderation"[4] ergänzt. Heute kann ein ausländischer Bürger ab 16 Jahren, der auf Grundlage eines Arbeitsvertrages oder zivilrechtlichen Vertrages zur Erbringung von Leistungen für den persönlichen Bedarf, den Haushalt oder sonstigen Bedarf einer privaten Person tätig ist, ein Patent[5] im Rahmen einer beruflichen Liste erwerben und danach auf legaler Basis auf dem Territorium eines Subjektes der RF tätig werden.[6] Das Patent erstreckt sich auf die im visumsfreien Verfahren eingereisten ausländischen Bürger der folgenden Staaten: Aserbaidshan, Armenien, Weißrussland, Moldova, Kasachstan, Kirgisien, Tadshikistan, Usbekistan und die Ukraine. Das Patent gilt für einen Monat und kann nachfolgend bis zu 12 Monate verlängert werden.

Das Patent und die Migrationsquote unterscheiden sich deutlich voneinander. Die wichtigste Differenz zwischen Patent und Migrationsquote besteht darin, dass das Patent Arbeitstätigkeit nur mit natürlichen Personen gestattet. Im Gegensatz dazu richtet sich die Migrationsquote an einen Migranten, der ein Arbeitsverhältnis mit einer juristischen Person, z.B. einem Unternehmen, eingeht. Die monatliche Tilgung eines Patents – einmalige Anmeldungsgebühr 2000 Rubel und dazu 1000 Rubel jeden weiteren Monat – wird als eine Anzahlungsform

2 Der Föderale Migrationsdienst Russlands (FMS) ist ein föderales Organ der exekutiven Gewalt, das russlandweit die staatliche Zuwanderungspolitik koordiniert und die staatlichen Dienstleistungen zur Kontrolle und Überwachung in der Sphäre der Migration verwirklicht (§ 1 Verordnung über das FMS ist durch den Erlass des Präsidenten der RF am 19.07.2004 in Kraft getreten).

3 Die gemeinsame Sitzung des Komitees des Föderalen Rates zur Sozialpolitik und des FMS Russlands, 21.02.2012, in: Presseausgabe des FMS v. 24.02.2012.

4 Föderales Gesetz Nr. 86-FZ v.19.5.2010 „Ergänzungen zum föderalen Gesetz Nr. 115-FZ ‚Über den Rechtsstatus ausländischer Bürger in der Russischen Föderation'", in: Rossijskaya Gazeta, Nr. 5654 v. 09.12.2010.

5 Das Patent i.S.d. Art. 13.3 des Föderalen Gesetzes über den Rechtsstatus ausländischer Bürger ist ein Dokument, das das Recht ausländischer Bürger aus einigen Ländern bestätigt, ohne Visum in Russland einzureisen und dort eine Tätigkeit bei einer natürlichen Person wahrzunehmen.

6 Die Berufsliste umfasst 37 Berufe, darunter Gärtner, Babysitter, Maurer, Fahrer, Friseur.

der Steuer für ausländische Bürger betrachtet. Davon erhielt im Jahr 2011 der Haushalt Russlands 2,1 Mrd. Rubel.[7] Die Voraussetzungen zur Erteilung des Patents sind sehr klar durch Art. 13.3. IV geregelt. Der sich bewerbende Arbeitsmigrant muss ein Formular zur Erteilung des Patents ausfüllen. Der Pass oder ein anderes Dokument zum Bestimmung der Identität des Bewerbers sowie die Migrationskarte[8] sind vorzulegen und der Nachweis der Bezahlung der Gebühr muss erbracht werden. Die Praxis zeigt allerdings, dass hier ein gutes Gesetz durch die Rechtsanwendungspraxis verletzt wird. So haben z.B. die regionalen Migrationsbeamten in St. Petersburg für die Erteilung eines Patents einen medizinischen Nachweis verlangt, dass keine AIDS-Erkrankung vorliegt, obwohl das Gesetz das nicht vorsieht.[9]

Dass das Patentsystem gegenwärtig aus finanziellen und organisatorischen Gründen als Gegensatz zur Migrationsquote eingerichtet ist, resultiert daraus, dass der FMS jahrelang große Schwierigkeiten bei der Einschätzung von Migrationsquoten und ihrer Verteilung in den Regionen Russlands hatte. Bis heute gibt es keine Methodik und keinen Mechanismus der genauen Einschätzung der erforderlichen Arbeitskräfte und keine Untersuchung dazu, wie viele ausländische Arbeitsmigranten das Land benötigt. Das bedeutet, dass bis heute keine klaren Vorstellungen über das tatsächliche Arbeitskraftbedürfnis weder auf föderaler noch auf regionaler Ebene in Russland existieren.[10]

---

7 *Tichomirova*, Das Migrationspatent brachte den Regionen Russlands Milliarden Rubel, in: ITAR-Nachrichten v. 22.9.2011, `www.firstnews.ru/news/society/Patenty-dlya-migrantov-prinesli-Rossii-m/index.php?print=Y` (abgerufen am 12.12.2011).

8 Eine Migrationskarte ist ein Dokument für die Behörde zur statistischen Erhebung und ein Nachweis dafür, dass ein Ausländer legal die Grenze überschritten hat. Die Migrationskarte wird durch das Föderale Gesetz 115-FZ v. 25.06.2002 eingeführt.

9 Die offizielle Webseite des regionalen FMS-Dienstes in St. Petersburg, in: `www.ufms.spb.ru/desc/priobretenie-patenta-dind-876.html` (abgerufen am 10.02.2012).

10 *Ryazantzev/Horie*, Modelling of flows of labour Migration from the countries of the Central Asia to Russia. Economic-Social Research, Moscow: The scientific world, 2011, S. 25. Die größte Zahl der Arbeitsmigranten kam nach Russland aus folgenden Staaten: 511.500 aus Usbekistan, 268.600 aus Tadshikistan, 186.500 aus der Volksrepublik China, 167.300 aus der Ukraine, 117.700 aus Kirgisien, 72.200 aus Moldawien, 59.800 aus Armenien, 46 aus Vietnam, 45.800 aus der Türkei, 40.300 aus Aserbaidshan, 36.500 aus der Demokratischen Volksrepublik Korea.

2. Familiennachzug

Weltweit ist die Familienzusammenführung ein wachsender Trend der Zuwanderungspolitik.[11] Russland bildet davon keine Ausnahme, aber es gibt bis jetzt keine Möglichkeit, diese Tendenz statistisch zu verfolgen, weil das Land über kein nationales System der Berücksichtigung der Zuwanderungsströme und ihrer strukturellen Charakteristik verfügt. Am 19. November 2010 unterschrieben die Regierungen der RF, der Kasachischen Republik und Weißrusslands eine Vereinbarung „Über den rechtlichen Status der Arbeitsmigranten und ihrer Familienangehörigen".[12] Das Dokument spielt eine wichtige Rolle, weil es in Art. 1 IV[13] den Begriff „Familienangehöriger eines Arbeitsmigranten" definiert. Es trat am 1. Januar 2012 in Kraft und legt bedeutende Rechte der Familienangehörigen eines Arbeitsmigranten auf dem Territorium der RF fest:

- das Recht auf soziale Versorgung, aber keine Auszahlung einer Rente (Art. 11),
- das Recht auf medizinische Versorgung (Art. 13) und
- das Recht des Kindes eines Arbeitsmigranten auf Ausbildung und Besuch von Kindereinrichtungen entsprechend der Gesetzgebung des Aufnahmelandes (Art. 12).

Diese Rechte sind jedoch nicht einklagbar, weder auf Gemeinschaftsebene noch auf nationaler Ebene der o.g. Länder. Es wird noch Jahre dauern, bis die Arbeitsmigranten auf den Territorien der Länder, die die Vereinbarung unterschrieben haben, eine Handlungsmöglichkeit bei Rechtsverletzungen erhalten und die Staaten ermutigt werden, die Rechtsmittel für Arbeitsmigranten und deren Familienangehörige auf nationaler Ebene zu stärken.

3. Hochqualifizierte Spezialisten

Hochqualifizierte ausländische Spezialisten sind eine erwünschte Zuwanderergruppe in Russland. Allerdings ist Russland für diese Gruppe kein attraktives Land.[14] Im Jahre 2010 erteilte der FMS 3.105 Arbeitserlaubnisse an hochqualifizierte Spezialisten. Davon kamen 448 Fachleute aus Deutschland, 253 aus den

---

11 *Gulina*, Familiennachzug ist ein legaler Weg zur Einwanderung in die EU-Länder und in die USA, in: Vestnik des Kennan Institutes, 2010, § 18, S. 90 - 100.

12 Vereinbarung zwischen der RF, der Republik Kasachstan und Weißrussland „Über den rechtlichen Status der Arbeitsmigranten und ihrer Familienangehörigen" v. 19.11.2010. Die Vereinbarung ist durch das Föderale Gesetz Nr. 186 FZ v. 11.06.2011 ratifiziert.

13 Art. 1 IV lautet: Familienangehörige eines Arbeitsmigranten sind die Personen, mit denen der Arbeitsmigrant eine Ehe geschlossen hat sowie ihre Kinder und andere Personen, die entsprechend der Gesetzgebung des Aufnahmestaates als Familienangehörige anerkannt werden können.

14 *Egorova*, Stellvertreterin des FMS-Direktors, in: RIA-Nachrichten v. 04.10.2011, http://strategy2020.rian.ru/news/20111004/366168573.html (erfüllt am 23.01.2012).

USA, 267 aus Großbritannien, 253 aus Frankreich, 144 aus Italien und 118 aus der Ukraine. 75 % der hochqualifizierten Spezialisten beschäftigen sich mit Verwaltungstätigkeit, 22 % sind qualifizierte Fachkräfte verschiedener Kategorien, ca. 3 % sind Sportmanager, Trainer, usw.[15]

Der rechtliche Status des hochqualifizierten Spezialisten wird in Art. 13.2 I des Föderalen Gesetzes[16] definiert. Ein hochqualifizierter Spezialist rechtfertigt die Annahme der Integration in die Lebensverhältnisse Russlands und der Sicherung des Lebensunterhalts ohne staatliche Hilfe. Eine Liste der qualifizierten Berufe des Ministeriums für Gesundheit und soziale Entwicklung der RF vom 25. Mai 2011 hilft den Behörden, hochqualifizierte Spezialisten zu bestimmen.

Im Vergleich mit anderen Zuwanderungsgruppen sind hochqualifizierte Spezialisten in vielen Bereichen privilegiert. *Erstens* kann ihnen eine Arbeitserlaubnis bis zu 3 Jahren erteilt werden und nachfolgend ohne Begrenzung verlängert werden. *Zweitens* erfolgt ihre Einreise sowie Einladung außerhalb der Migrationsquoten des FMS. *Drittens* werden hochqualifizierte Spezialisten im Sinne der Steuergesetzgebung Russlands als Residenten des Landes anerkannt und müssen folglich nur 13 % statt 30 % Steuern bezahlen.[17] *Viertens* erhalten hochqualifizierte Spezialisten und ihre Familienangehörigen, einschließlich Ehefrau (Ehemann), Kinder (adoptierte Kinder), Eheleute der Kinder, Eltern (adoptierende Eltern), Großmütter, Großväter und Enkel zeitweiligen Wohnsitz[18] für die Zeit des Arbeitsvertrages. *Fünftens* wird auch den Familienangehörigen der hochqualifizierten Spezialisten eine Arbeitserlaubnis außerhalb der Migrationsquoten des FMS (Art. 13 Abs. 4.5. Satz 3 des Gesetzes 115-FZ) gewährt.

4. Rückkehr von Landsleuten, einschließlich der Bürger der ehemaligen UdSSR

Im Jahr 2006 startete in Russland ein staatliches Programm, das die Rückkehr russischer Staatsangehöriger sowie von Bürgern der ehemaligen Sowjetunion fördert und eine finanzielle Unterstützung für im Ausland lebende Bürger gewährt.[19] Im Rahmen des Programms werden folgende Leistungen angeboten: Reisekosten, eine einmalige Unterstützung abhängig vom Aufenthaltsort in der

---

15 Vortrag von *Surkov*, Stellvertreter des Föderalen Rates der RF am 24.05.2011, in: RIA-Nachrichten v. 24.05.2011.

16 Föderales Gesetz Nr. 115-FZ „Über den Rechtsstatus ausländischer Bürger in der Russischen Föderation v. 25.06.2002, in: Gesetzessammlung der RF, Nr. 30, 2002, S. 3032.

17 Mehr dazu: Brief des Finanzministeriums der RF, Nr. 03-04-06/6-268 v. 14.10.2011.

18 Der Begriff „Familienangehöriger eines hochqualifizierten Fachmannes“ ist durch Art. 13.2. I 1. des Föderalen Gesetzes „Über den rechtlichen Status ausländischer Bürger“ definiert.

19 Beschl. des Präsidenten der RF v. 22.06.2006, Az.: 637 RF.

RF, eine halbjährliche Arbeitslosenunterstützung, ein unbefristetes soziales Paket für Ausbildung und medizinische Dienstleistungen und ein günstiger hypothekarischer Kredit mit niedrigen Zinsen. Am 21. April 2011 trat das Gesetz zur Steuersenkung von 30 % auf 13 % für Rückkehrende in Kraft.[20]

Der Rückkehrende kann den gewünschten Wohnort oder eine Region in der RF aus drei Kategorien wählen. Die Kategorie „A" umfasst die strategisch wichtigen Grenzterritorien, die über eine wenig russisch sprechende Bevölkerung verfügen und in denen der Rückkehrer die volle staatliche Unterstützung erhält. Zu der Kategorie „B" gehören die Territorien, in denen große Anlageprojekte realisiert werden, die die Auswanderer massenhaft anziehen. Hier erhält der Rückkehrende teilweise staatliche Unterstützung. Die Territorien der Kategorie „C" sind sozial-ökonomisch stabil und entwickelt, aber es ist ein Migrationsabfluss zu beobachten. In diesen Territorien bekommen Rückkehrende keine staatliche Unterstützung. Für die Rückkehrenden und ihre Familienangehörigen ist es für 2 Jahre verboten, die gewählte Region zu verlassen. Im Fall der Rückübersiedlung muss der Rückkehrer alle Zahlungen, inklusive Reisekostenunterstützung sowie sonstige geleistete Unterstützungen und unbefristete Sozialleistungen zurückzahlen.[21] Das Programm ist am fehlenden Interesse der Regionen gescheitert. 14 Subjekte der RF[22] haben sich von der Teilnahme am Programm einfach losgesagt, und 2 Hauptstädte – Moskau und St. Petersburg – haben besondere Bedingungen für die Rückkehrer aufgestellt.

Im Jahr 2011 wurden 19.253 Zertifikate an Teilnehmer der Rückkehrprogramme übergeben. Die größte Zahl der Reimmigranten kam aus folgenden Staaten: Kasachstan 31 %, Usbekistan 19 %, Moldova 9,8 %, Kirgisien 9,1 %, Ukraine 8,7 % und Armenien 8,1 %. Die Ziele der Programmteilnehmer waren vor allem Orte des Zentralen Föderalen Bezirkes (48,3 %), des Sibirischen Föderalen Bezirkes (20,7 %) und des Nordwestlichen Föderalen Bezirkes (14,1 %). Der Anteil der Reimmigranten mit Hochschulabschluss und nicht abgeschlosse-

20 Föderales Gesetz 77-FZ v. 21.04.2011 „Über die Änderungen, Ergänzungen des Art. 224, Art. 333.29 des zweiten Steuergesetzbuches der Russischen Föderation (2.Teil)" und des Art. 19 des Gesetzes „Über den rechtlichen Status ausländischer Bürger in der Russischen Föderation", in: Gesetzessammlung der RF, Nr. 17 v. 25.04.2011, S. 2318.

21 *Magomedova/Zubchenko,* Ausgewählte Gastfreundlichkeit, in: Gazeta Novij Izvestia v. 01.08.2006.

22 14 Regionen Russlands haben erklärt, dass dieses Programm für sie nicht aktuell ist. Nur Moskau, Inguschetien, Dagestan, Tschetschenien, die Tschuktschenhalbinsel, Astrachan und das Gebiet Stavropol erkennen das Programm an. Moskau und St. Petersburg haben die Bereitschaft geäußert, am Programm teilzunehmen, aber nur als Transitpunkte, wo es z.B. möglich wäre, dass die Auswanderer umlernen und/oder ihre Qualifikation erhöhen.

ner Hochschulausbildung beträgt 42 %, der Anteil der Teilnehmer mit mittlerer Berufsausbildung 43 % und mit Abitur 14 %.[23]

Zusammenfassend kann festgestellt werden: Arbeitsmigration ist ein dominierender Trend der Zuwanderungsströme im gegenwärtigen Russland. Diese Zuwanderungsgruppe ist multikulturell und umfasst vorrangig „billige" Arbeitskräfte aus den Ländern der ehemaligen UdSSR. Hochqualifizierte Migranten bilden nur eine kleine Gruppe der Zuwanderer in Russland. Perspektivisch ist zu erwarten, dass Rückkehrer aus den GUS-Staaten nach Russland eine neue Migrationswelle bilden werden. Die Gründe dafür sind der bessere ökonomische Zustand der RF im Vergleich zu anderen GUS-Staaten und das stark ausgeprägte Interesse des Staates an den Landsleuten, die nach Russland zurückkehren wollen, um dort zu arbeiten. Demzufolge hat sich in den letzten Jahren die Zusammenarbeit zwischen einigen Regionen und dem Föderalen Zentrum deutlich verbessert, und es wurden neue Maßnahmen im Rahmen des staatlichen Programms, wie z.B. Steuersenkungen, festgelegt.

II. Die Zuwanderungsgesetzgebung Russlands

1. Etappen der rechtlichen Regelung der Zuwanderung

Die Zuwanderungsgesetzgebung Russlands lässt sich wegen des kontroversen Charakters der Rechtsnormen schwer nach inhaltlichen Maßgaben analysieren. Demzufolge soll versucht werden, die russische Gesetzgebung im Bereich der Zuwanderung chronologisch zu systematisieren.

Es wird davon ausgegangen, dass der Zerfall der UdSSR und die „Perestroika" sowie die rechtlichen, politischen und wirtschaftlichen Komponenten des Landes den „Ausgangspunkt" der Zuwanderungsgesetzgebung des neuen Russlands bilden, die die Mobilität der Menschen inner- und außerhalb des Landes sowie die Umsiedlung der Menschen aus wirtschaftlichen Aspekten fordern. Die Verfassung der RF von 1993 und das Föderale Gesetz „Über die Rechte der Bürger der RF von 1993"[24] gewähren das Recht der Freizügigkeit, das Recht, sich frei zu bewegen und Wohnort und Aufenthaltsort frei zu wählen. Das Föderale Gesetz „Über das Verfahren der Ausreise aus der Russischen Föderation und der Einreise in die Russische Föderation" vom 15. August 1996[25] regelt die Voraussetzungen und das Verfahren der Einreise nach Russland und der Ausreise aus der RF. Das Föderale Gesetz von 1996 „Über die Beschäftigung der Be-

---

23 Offizielle Webseite des FMS, in: `www.fms.gov.ru/programs/fmsuds/files/monitoring_2011.pdf` (abgerufen am 13.02.2011).

24 Föderales Gesetz über die Rechte der Bürger der RF, Nr. 5242-I v. 25.08.1993, in: Gesetzessammlung der RF, Nr. 32, 1993, S. 1227.

25 Föderales Gesetz Nr. 114-FZ, Nr. 34 v. 15.08.1996, S. 4029.

völkerung der Russischen Föderation"[26] erlaubt es den Bürgern der RF, im Ausland tätig zu sein.[27]

Die zweite Etappe der rechtlichen Regelung der Zuwanderung ist um die Jahrtausendwende anzusiedeln. Es treten u.a. die Gesetze „Über die Registrierung der Migration ausländischer Bürger und Staatenloser in der Russischen Föderation"[28] und „Über die Staatsangehörigkeit der Russischen Föderation"[29] in Kraft.

Das Föderale Gesetz „Über die Staatsangehörigkeit" legt zwei Möglichkeiten fest, nach allgemeinen und einfachen Regelungen die Staatsangehörigkeit der RF zu erwerben (Art. 11). Die allgemeine und die einfache Ordnung unterscheiden sich nach der rechtlichen Grundlage, der gesetzlichen Frist zur Bearbeitung der Anträge des Bewerbers (nach der allgemeinen Ordnung dauert die Entscheidung bis zu einem Jahr, nach der einfachen Ordnung wird die Entscheidung innerhalb von 6 Monaten getroffen) und nach der zuständigen Behörde. Im Fall des allgemeinen Erwerbs der russischen Staatsangehörigkeit übernimmt die Entscheidung der Präsident der RF, im Falls des einfachen Erwerbs der russischen Staatsangehörigkeit wird der Erwerb der Staatsangehörigkeit vom Leiter des territorialen/regionalen Migrationsdienstes in den Regionen der RF bestätigt. Es gibt keine Quoten bzgl. des Erwerbs der russischen Staatsangehörigkeit.

Das Föderale Gesetz „Über die Registrierung der Migration" regelt die administrativen Anordnungen des örtlichen Migrationsdienstes betreffs der Anmeldung eines Migranten und/oder eines Staatenlosen. Art. 20 des Gesetzes verpflichtet jeden ausländischen Bürger innerhalb von 7 Arbeitstagen nach der Einreise in die RF, sich bei der zuständigen regionalen Behörde des FMS mit dem ausgefüllten Anmeldungsformular zu melden und sich registrieren zu lassen. Bei der Ausreise hat jeder Ausländer die Pflicht zur Abmeldung. Diese Pflicht obliegt alternativ auch dem Gastgeber des Ausländers.

Das Föderale Gesetz „Über den rechtlichen Status ausländischer Bürger in der Russischen Föderation"[30] vom 25. Juli 2002 regelt die Ein- und Ausreise,

---

26 Föderales Gesetz Nr. 36-FZ v.20.4.1996, in: Gesetzessammlung der RF, 1996, Nr. 17, S. 1915.

27 Mehr dazu: *Ivachnuk*, Perspektiven der Migrationspolitik Russlands: Eine Suche nach dem richtigen Weg, Moskau 2011, S. 50 - 72.

28 Föderales Gesetz Nr. 109-FZ v. 18.07.2006, in: Gesetzessammlung der RF, Nr. 30, 2002, S. 3032.

29 Föderales Gesetz, in: Gesetzessammlung der RF, Nr. 62 FZ, Nr. 22 v. 31.05.2002, S. 2031.

30 Föderales Gesetz der RF Nr. 115-FZ v. 27.07.2002, in: Gesetzessammlung der RF, Nr. 30, 2002, S. 3032.

den Aufenthalt und die Arbeitserlaubnis ausländischer Bürger in der RF und gilt bis heute als der wesentliche Akt der Zuwanderungsgesetzgebung, der jeden ausländischen Bürger und Staatenlosen betrifft.

Vom Jahr 2002 bis zum Jahre 2010 ist die Etappe der „polizeistaatlichen" Zuwanderungsgesetzgebung einzuordnen. Es wird der FMS[31] gegründet, der dem Innenministerium untersteht. Die Strafen und Sanktionen im Bereich der Zuwanderungsregelung werden, unabhängig von den regulären und irregulären Zuwanderungsströmen, verschärft. Im Jahre 2004 wurde Art. 322.1 des Strafgesetzbuches angenommen, der die Unterstützung der irregulären Zuwanderung bestraft.

Im Jahr 2010 wurden 39.100 Personen wegen Verstoßes gegen die rechtlichen Regulierungen des Kap. 18 des Gesetzbuches über administrative Rechtverletzungen zur Verantwortung gezogen, davon wurden 82,4 % der Betroffenen bestraft, 97,1 % der Selbstständigen erhielten ein Beschäftigungsverbot, 0,5 % (1.500 Personen) wurden ausgewiesen (als einzige Strafmaßnahme) und 64,9 % der natürlichen Personen wurden aus dem Land deportiert (als zusätzliche Strafmaßnahme).[32]

Seit 2010 ist Russland erneut auf der Suche nach dem optimalen rechtlichen Zuwanderungsmodell, das der internationalen und europäischen Grundlage der Zuwanderungsregulierung sowie den nationalen Interessen entsprechen soll. Demzufolge ist am 23. Juli 2010 die neue Fassung des Föderalen Gesetzes „Über die staatliche Politik der Russischen Föderation gegenüber den im Ausland lebenden Landsleuten"[33] in Kraft getreten. Es umfasst staatliche Programme und Verfahren der Übersiedlung der im Ausland lebenden Landsleute. Das Gesetz erging in Nachfolge des staatlichen Programms zur Unterstützung der freiwilligen Rückkehr der Landsleute nach Russland vom 26. Juni 2006.[34]

2. Analyse der geltenden Regelungen zur Zuwanderung bzgl. der Formen des Aufenthalts eines Ausländers in Russland

Heute existieren in Russland ca. 187 föderale Gesetze, 89 Erlasse des Präsidenten, 484 Verordnungen der Russischen Regierung und mehr als 2.100 lokale

---

31 Verordnung über den FMS der Russischen Föderation, in: `www.fms.gov.ru/about/condition` (abgerufen am 17.05.2012).

32 Offizielle Webseite des FMS, in: `www.fms.gov.ru/404.php` (abgerufen am 22.05.2011).

33 Föderales Gesetz Nr. 179-FZ "Über die staatliche Politik für im Ausland lebende Landsleute" v. 23.07.2010, in: Gesetzessammlung der RF, Nr. 30, 2010, S. 3740.

34 Gesetzessammlung der RF, Nr. 26 v. 26.06.2006, S. 2820.

normative Akte[35], die die Zuwanderung inner- und außerhalb des Landes steuern. In aller Kürze sollen die wesentlichen Punkte der gegenwärtigen Zuwanderungsregelung in Bezug auf die Formen des Aufenthalts eines Ausländers in der RF analysiert werden.

Gegenwärtig bestimmt der Gesetzgeber folgende legale Formen des Aufenthalts eines Ausländers im Land: das Visum (Art. 24 des Gesetzes „Über das Verfahren der Ein- und Ausreise in der RF"), den zeitweiligen Aufenthalt (Art. 5 V ff. des Gesetzes „Über den Rechtsstatus"), den zeitweiligen Wohnsitz (Art. 6 des Gesetzes „Über den Rechtsstatus") und den ständigen Wohnsitz (Art. 8 des Gesetzes „Über den Rechtsstatus").

a) Visum als legale Form des Aufenthalts

Art. 25.1 bis 25.2 des Gesetzes „Über die Ein- und Ausreise in der RF" i.V.m. der Verordnung Nr. 335 „Über die Feststellung der Ordnung für die Festlegung der Form des Visums, das Verfahren und die Voraussetzungen seiner Beantragung und Erteilung, die Verlängerung seiner Geltungsdauer, seiner Wiederherstellung bei Verlust sowie das Verfahren der Annullierung des Visums"[36] bestimmen die Voraussetzungen und das Verfahren zur Erteilung eines Visums für ausländische Bürger, die nach Russland einreisen.

Ein *Visum* kann zu folgenden Zwecken erteilt werden: Studium, Dienstreise, diplomatische Tätigkeit, Geschäftsreise, Gewährung von Asyl, Tourismus oder Privatbesuch. Die Gültigkeitsdauer eines Visums hängt vom Reisezweck und der Kategorie des Visums ab. Zur Beantragung eines Visums müssen folgende Dokumente vorgelegt werden: die Einladung der zuständigen Behörde und/oder der privaten Personen, Reisepass mit dreimonatiger Gültigkeitsdauer, der ausgefüllte Visumantrag mit einem Foto, eine im Ausland gültige Krankenversicherung, der medizinische Nachweis des Gesundheitszustandes (keine HIV-Infizierung im Fall eines von mehr als drei Monaten geplanten Aufenthalts im Land), Kontoauszug und/oder Eigentumsbestätigung (im Fall eines Privatbesuchs), Arbeitgeberbestätigung und/oder Nachweis der Existenz der Selbstständigkeit (im Fall einer der Geschäftsreise).

Es ist wichtig hervorzuheben, dass Angehörige aus den GUS-Staaten eine visumsfreie Einreise nach Russland auf Grund der zweiseitig unterschriebenen Abkommen mit der Ukraine, Weißrussland, Armenien, Usbekistan, Kasachstan u.a. erhalten.

---

35 Vortrag des Leiters des FMS, *Romodanovskij*, in: Press-Release der Regierungssitzung v. 27.02.2012.

36 Verordnung Nr. 335 v. 09.06.2003, in: Gesetzessammlung der RF, Nr. 34, 1996.

b) Zeitweiliger Aufenthalt als legale Form des Aufenthalts

Der zeitweilige Aufenthalt wird auf der Grundlage eines Visums mit einem entsprechenden Reisezweck erteilt. Seine Gültigkeitsdauer entspricht dem Reisezweck. Z.B. ist der zeitweilige Aufenthalt zum Zweck des Studiums i.d.R. auf die Dauer der Ausbildung befristet (Art. 5 V i.V.m. Art. 17 des Gesetzes „Über den Rechtsstatus"), jedoch kann bis zu einem Jahr Verlängerung erteilt werden. Dem zeitweiligen Aufenthalt zum Zweck der Arbeitstätigkeit entspricht i.d.R. die Dauer des Arbeitsvertrages (Art. 5 V i.V.m. Art. 13, 13.1 - 13.3. des Gesetzes „Über den Rechtsstatus"), jedoch wird auch hier bis zu einem Jahr Verlängerung erteilt. Die Dauer des zeitweiligen Aufenthalts eines visumsfrei einreisenden Ausländers darf i.d.R. 90 Tage nicht übersteigen.

c) Zeitweiliger Wohnsitz als legale Form des Aufenthalts

Zeitweiliger Wohnsitz wird auf der Grundlage einer Erlaubnis bis zu 3 Jahren erteilt. Die Voraussetzungen und die Verfahren zur Erteilung eines zeitweiligen Wohnsitzes werden durch Verfügung des FMS Nr. 41 „Über die Feststellung der administrativen Ordnung zur Erteilung von zeitweiligem Wohnsitz an ausländische Bürger und Staatenlose"[37] festgelegt. Der Gesetzgeber unterscheidet zeitweiligen Wohnsitz für ausländische Bürger und Staatenlose im Rahmen der jährlichen Quotierung durch die Regierung der RF[38] (Art. 6 des Gesetzes) und zeitweiligen Wohnsitz für ausländische Bürger und Staatenlose, die visumsfrei und außerhalb der Quoten nach Russland einreisen (Art. 6.1 des Gesetzes).

d) Ständiger Wohnsitz als legale Form des Aufenthalts

Die Voraussetzungen und das Verfahren zur Erteilung des ständigen Wohnsitzes regelt Art. 8 des Gesetzes und die Verfügung des FMS Nr. 41.[39] I.d.R. wird der ständige Wohnsitz für ausländische Bürger nach einem Jahr des zeitweiligen Wohnsitzes im Land für die Dauer von bis zu 5 Jahren erteilt. Nach Ablauf ist die Verlängerung des ständigen Wohnsitzes jederzeit möglich. Gem. Art. 13.2. i.V.m. Art. 8 I - III des Gesetzes „Über den Rechtsstatus" wird kein ständiger Wohnsitz für hochqualifizierte Spezialisten und ihre Familienangehörigen erteilt.

---

37 Verfügung des FMS „Über die Feststellung der administrativen Ordnung zur Erteilung der zeitweiligen Wohnsitz an ausländische Bürger und Staatenlose", in: Ministerium der Justiz v. 14.04.2008, Nr. 11526.

38 Im Jahr 2012 wurde eine Quote von 105.807 Personen festgelegt, in: Auftrag der Regierung der RF „Über die Quotierung des zeitweiligen Wohnsitzes für ausländische Bürger und Staatenlose in der Russischen Föderation im Jahr 2012", Nr. 2076-R v. 18.11.2011, Gesetzessammlung der RF, Nr. 48, 2011, S. 6983.

39 Ebenda.

3. Mängel und Widersprüche der gegenwärtigen Zuwanderungsgesetzgebung

Als wichtiger Rechtsakt im Bereich der Einreise und des Aufenthalts ausländischer Bürger in der RF gilt das Föderale Gesetz „Über den rechtlichen Status ausländischer Bürger in der Russischen Föderation". Das Gesetz ist ein deutliches Beispiel für eine kontroverse Rechtsregelung im Bereich der Zuwanderungsgesetzgebung Russlands. So regeln Art. 18 X, XI, XIII ff. des Gesetzes Einschränkungen der Freizügigkeit im Interesse der nationalen Sicherheit und/oder des Arbeitsmarktes der RF. Diese Regelungen widersprechen Art. 27 der Verfassung der RF, der keine Beschränkungsmöglichkeit des Freizügigkeitsrechts nennt.[40] Die Verordnung der Russischen Regierung vom 2. April 2004 ergänzt das Gesetz mit der Liste von Infektionskrankheiten, die wegen ihrer Gefährlichkeit zur Verweigerung und/oder Auflösung des zeitwilliger Wohnsitzes, des ständigen Wohnsitzes sowie der Arbeitserlaubnis für einen Ausländer in der RF führen. U.a. werden HIV-Infektion, Tuberkulose, Hepatitis B und C, Pedikulose und Syphilis genannt.[41]

Aufgrund des Gesetzes „Über den rechtlichen Status ausländischer Bürger in der Russischen Föderation" wird eine breite Palette von nachgeordneten normativen Akten sowie Erlassen des Präsidenten, von Verordnungen der Regierung und Akten des FMS in die Zuwanderungsregelung übernommen. Teilweise stehen die nachgeordneten normativen Akte in Kontroverse zur Regelung des föderalen Gesetzes. Erschwerend kommt hinzu, dass das *Oberste Schiedsgericht der RF* und das *Verfassungsgericht der RF* zudem unterschiedliche Vorstellungen zur Anwendung des Gesetzes und der Akte in der Praxis haben. In aller Kürze soll ein Beispiel dargestellt werden.

Art. 13.1 IX des Gesetzes „Über den rechtlichen Status ausländischer Bürger" verpflichtet den Arbeitgeber eines Arbeitsmigranten, der zum Zweck der Arbeitstätigkeit ohne Visum nach Russland eingereist ist, die erforderlichen Informationen über den Abschluss eines Arbeitsvertrages dem örtlichen Arbeitsamt und dem Migrationsdienst im Laufe von 3 Tagen zur Verfügung zu stellen. Art. 18 VIII des o.g. Gesetzes i.V.m. Abs. 2 der Anlage 5, 6 zum Erlass

---

40 Mehr dazu: *Gulina*, Einschränkungen des Freizügigkeitsrechts in der gegenwärtigen Gesetzgebung der Russischen Föderation, in: Ost-Europa Recht, 2010, Vol. 4, S. 380 - 389; *Khabriewa*, Zuwanderung in Russland: Über das Modell der rechtlichen Regulierung, in: Journal des Russischen Rechts, Nr. 7, 2006.

41 Verordnung der Russischen Regierung Nr. 188 v. 02.04.2004 „Über die Liste der Infektionskrankheiten, die eine Gefahr für andere Menschen darstellen und sind die Gründe Verweigerung und/oder Auflösung des zeitwilliger Wohnsitzes, des ständigen Wohnsitzes sowie einer Arbeitserlaubnis eines Ausländers in der Russischen Föderation", in: Gesetzessammlung der RF, Nr. 7, 2003, S. 1286.

des FMS[42] verpflichtet den Arbeitgeber eines Arbeitsmigranten, der zum Zweck der Arbeitstätigkeit mit Visum nach Russland eingereist ist, die erforderlichen Information zum Abschluss eines Arbeitsvertrages dem örtlichen Arbeitsamt und dem Migrationsdienst im Laufe von 3 Tagen sowie dem Steueramt im Laufe von 10 Tagen zur Verfügung zu stellen. Der Verzicht auf diese Informationen, die Unterdrückung, Vermeidung und Verheimlichung dieser Informationen werden durch Art. 18.15 III des Gesetzbuches über administrative Rechtsverletzungen[43] mit 400.000 bis 800.000 Rubel (ca. 11.000 bis 20.500 €) Strafe bedroht. Unternehmen werden mit 35.000 bis 50.000 Rubel (ca. 1.000 bis 1.500 €) bestraft. Außerdem kann die wirtschaftliche Tätigkeit der Unternehmen bis zu 90 Tagen untersagt werden.

Die Rechtspraxis stellt die Frage, ob der Arbeitgeber eines Arbeitsmigranten, der zum Zweck der Arbeitstätigkeit ohne Visum nach Russland einreiste, die erforderliche Information zum Abschluss eines Arbeitsvertrages dem Steueramt mitteilen muss. Der Gesetzgeber hat den Arbeitgeber dazu nicht verpflichtet und das *Oberste Schiedsgericht der RF* legt in seinem Beschluss fest: *„Die Information des Steueramtes über den Abschluss eines Arbeitsvertrages durch einen ohne Visum eingereisten Migranten ist vom Gesetz nicht vorgesehen und demzufolge keine Verpflichtung des Arbeitgebers.“*[44] Allerdings sieht das *Verfassungsgericht der RF* die Situation anders: *„Unabhängig von der Einreise eines Migranten – mit Visum oder visumsfrei – ist der Arbeitgeber eines Migranten verpflichtet, die Information zu geben“*[45]. In der Praxis teilen die Arbeitgeber ausländischer Arbeitsmigranten allerdings diese Information allen Ämtern und Behörden mit, um präventiv eine „Haftung zu vermeiden“.

Die Änderung des Art. 14.4. des Gesetzes „Über den rechtlichen Status ausländischer Bürger“ vom 19. Mai 2010[46] regelt einen pflichtigen Fingerabdruck für alle Einwanderer, die ohne Visum zum Zweck der Arbeitstätigkeit nach Russland einreisen wollen. Diese Regelung tritt ab 1. Januar 2013 in Kraft. Eine Ausnahme gilt nur bei der Einreise hochqualifizierter Spezialisten. Die Mitarbeiter des FMS sind davon überzeugt, dass durch diese Maßnahme die Straffälligkeit der Einwanderer und die Kriminalität in den Regionen Russlands minimali-

---

42 Erlass des FMS v. 28.06.2010, Az.: 147, in: Gesetzessammlung der RF, Nr. 21, 2010, S. 2524.

43 Gesetzbuch über administrative Rechtsverletzungen v. 30.12.2001, in: Gesetzessammlung der RF, Nr. 1, 2001, S.1.

44 Beschl. des Oberen Schiedsgerichts der RF, Az.: 11773/09 v. 02.02.2010.

45 Übersicht zur Gesetzgebung und zur gerichtlichen Praxis des Obersten Gerichts der RF im II. Quartal 2009, in: Beschl. des VerfG der RF, Az.: 25-AD 10-12 v. 12.08.2010.

46 Föderales Gesetz zu den Änderungen des Gesetzes Nr. 86-FZ und anderer normativen Akte der RF v. 19.05.2010, in: Gesetzessammlung der RF, Nr. 52, 2010, S. 6450.

siert werden können. Die Daktyloskopie sei eine *„liberale Maßnahme"* und viele Länder weltweit sehen den Fingerabdruck als *„präventiven Schritt zur Einreise in ein Land"*[47] vor. Aber es ist mehr als zweifelhaft, ob die internationale Praxis der Daktyloskopie für Einreisende als „liberale" Initiative bewertet werden kann. Nach Auffassung der Autorin entsprechen die verpflichtenden Fingerabdrücke zur Einreise ins Land den Methoden eines Polizeistaates. Sie können als allgemeine Verstöße gegen die Menschenrechte und die praesumptio innocentia betrachtet werden.

III. Vorschläge für eine neue Zuwanderungsgesetzgebung

Im Jahre 2009 wurde eine staatliche Kommission[48] zur Überarbeitung der Zuwanderungsgesetzgebung und zur Vorbereitung einer staatlichen Zuwanderungskonzeption für Russland ins Leben gerufen. Am 27. März 2012 stellte die Kommission die letzte Fassung der Zuwanderungskonzeption des Landes vor[49], die am 27. April 2012 im Rahmen einer Sitzung des Sicherheitsrates der RF vom Präsidenten gebilligt wurde[50] und Maßnahmen der Migrationspolitik bis zum Jahr 2025 vorsieht.

Die Zuwanderungskonzeption beinhaltet die grundlegenden Prinzipien und beschreibt die Ziele der zukünftigen Migrationspolitik Russlands. Als Aufgaben der zukünftigen staatlichen Zuwanderungspolitik werden folgende Maßnahmen genannt: die Unterstützung und die Erweiterung des Reimmigrationsprogramms für die im Ausland lebenden Landsleute, die Entwicklung anspruchsvoller Mechanismen für die Heranziehung und die breite Auswahl ausländischer Arbeitskräfte, die Entwicklung und Steuerung der innerstaatlichen Zuwanderungsströme, die Erweiterung der Zuwanderung zu Ausbildungs- und Weiterbildungszwecken, die Unterstützung der akademischen Mobilität, die Unterstützung für Flüchtlinge, Vertriebene und andere Gruppen erzwungener Migration im Rahmen der internationalen Verpflichtungen der RF, die Integration und Resozialisierung der im Land lebenden Migranten, die Herstellung einer konstruktiven

---

47 *Berseneva/Tumanov*, Migranten kommen mit Fingerabdrücken, in: Rossijskaya gazeta v. 04.05.2010.

48 Diese Kommission bestand aus 37 Mitgliedern, davon 34 Beamte, 1 Wissenschaftlerin, 1 Mitglied des Präsidentenrates für die Entwicklung zivilgesellschaftlicher Institutionen und der Menschenrechte, 1 Mitglied des Expertenrates beim Ombudsmann. In der Kommission arbeiteten keine Vertreter der Zuwanderungsgruppen und -gemeinden mit. Die Kommission wurde vom Vizepräsidenten der Regierung der RF, *Schuwalow*, geleitet.

49 Offizielle Webseite des FMS, in: `www.fms.gov.ru/law/865` (abgerufen am 29.03.2012).

50 Der Präsident hat das Projekt zur Konzeption der staatlichen Migrationspolitik Russlands bis zum Jahr 2025 gebilligt, in: Rossijskaya gazeta v. 27.04.2012.

Wechselwirkung zwischen den Migranten und der sie aufnehmenden Gesellschaft und die Bekämpfung illegaler Zuwanderungsströme.

Für die neue Zuwanderungsgesetzgebung werden von der Autorin auf der Grundlage der Zuwanderungskonzeption 2012 folgende Vorschläge unterbreitet:

1. Gesetzestechnische Maßnahmen

- Die bisher geltenden Regelungen zur Zuwanderung sind zu harmonisieren und zu vereinheitlichen und die Zahl der Regelungen ist zu minimieren.
- Die Kontroversen und Widersprüche in der existierenden Zuwanderungsgesetzgebung sind systematisch abzubauen.
- Die Legaldefinitionen von wichtigen Begriffen, die mit der russischen Zuwanderungskonzeption 2012 verknüpft sind, sind weiter auszubauen. Dafür ist das Glossar der grundlegenden Begriffe in der Konzeption der staatlichen Migrationspolitik der RF eine wichtige Hilfe.

2. Inhaltliche Regelungen

Die neue Zuwanderungsgesetzgebung soll die Einreise, den Aufenthalt, die Erwerbstätigkeit und die Integration von Ausländern regeln. Sie soll zugleich der Erfüllung der humanitären Verpflichtungen der RF dienen. Im Zentrum der inhaltlichen Regelung der zukünftigen Zuwanderungsgesetzgebung müssen die Arbeitsmigration, insbesondere die Zunahme der Migration hochqualifizierter Spezialisten im Zusammenhang mit dem allgemeinen Migrationswachstum, der Stopp des Migrationsabflusses aus den Regionen Sibiriens und des Fernen Ostens sowie die Verknüpfung von Zuwanderung und Arbeitstätigkeit der Migranten stehen. Dazu müssen Maßnahmen festgelegt werden, die diese Prozesse fördern wie

- Verknüpfung von zeitweiliger und langfristiger Migration,
- Einführung eines Punktesystems,
- Quotierung der Heranziehung von ausländischen Arbeitskräften,
- Sprach- und Integrationskurse,
- steuerrechtliche Maßnahmen,
- Erhöhung der akademischen Mobilität,
- staatliche Unterstützungen der Migranten,
- Kontrollmechanismen.

Die Zuwanderung der Migranten nach Russland ist mit einem Mechanismus der Gewährung und Verwirklichung von sozialen Rechten für die Migranten zu verbinden (wie medizinische Versorgung, Wohnraum, Besuch von Kita und Schule für die Kinder von Migranten usw.). Zugleich sind rechtliche Schutzmechanismen, insbesondere Rechtsmittel für die Arbeitsmigranten in Russland festzulegen.

Der rechtliche Status der in Russland lebenden illegalen Migranten ist zu legalisieren. Im Zusammenhang damit sind die polizeistaatlichen Maßnahmen in der Zuwanderungsgesetzgebung Russlands zu überprüfen und abzubauen.

Die Zuwanderung ist in der Gesetzgebung langfristig mit der Integration der Zugewanderten zu verknüpfen. Um dies effektiv zu gewährleisten, sind Integrationskurse anzubieten. Auf die Teilnahme soll der Ausländer einen Anspruch haben. Zudem ist perspektivisch das Instrument des Integrationsvertrages einzuführen.